이렇게만 따라하면 **혼자서도 OK!**

중국어
첫걸음

이렇게만 따라하면 혼자서도 OK!

중국어
첫걸음

초판 발행   2006년 08월 16일
초판 12쇄   2016년 08월 10일

저자   북경외국어대학 편집위원회
발행인   이진곤
발행처   씨앤톡

등록일자   2003년 5월22일
등록번호   제 313-2003-00192호

ISBN   978-89-90763-87-7 (03720)

주소   경기도 파주시 문발로 405 3층
홈페이지   www.seentalk.co.kr
전화   02-338-0092
팩스   02-338-0097
ⓒ2008, 씨앤톡

이렇게만 따라하면 **혼자서도 OK!**

중국어 첫걸음

북경외국어대학 편집위원회 저

씨앤톡
See&Talk

머리말

이 책은 중국어를 처음 접하는 학습자를 대상으로 기획된 교재로, 누구라도 손쉽게 중국어를 시작하고 흥미를 느낄 수 있도록 내용 하나 하나에 정성을 기울였습니다. 처음 시작할 때에는 발음에 어려움을 느끼고 흥미를 잃을 수 있는데 차근차근 한 페이지씩 녹음된 내용을 따라 읽으며 발음을 익히고 나면 어느 정도 중국어에 대한 자신감이 생길 것입니다.

이 책의 구성

이 책은 중국어의 발음과 기본편, 실력 업그레이드 1,2편으로 구성되어 있습니다.

중국어의 발음편에서는 중국어 발음에 대한 전반적이고, 이해하기 쉬운 내용을 다루었으며, 지루하지 않도록 중간 중간 그림을 많이 삽입하였습니다.

기본편에서는 인사를 비롯한 간단한 내용을 다루었고, 비교적 원래 발음에 가까운 한글 발음을 넣어 초보자들의 부담을 덜어주고자 하였습니다. 중국어에는 우리말에는 없는 발음도 있으므로 되도록 한글 발음이 아닌 중국어 병음을 보면서 발음하시고 한글 발음은 중간 중간 참고만 하시기를 권합니다.

실력업그레이드1,2편에서는 일상생활에 유용한 표현을 위주로 다루었고, 중국어의 발음과 기본편에서 충분히 병음을 익히셨을 것으로 보아 한글 발음은 넣지 않았습니다.

이 책은 총 30과이며, 매과는 회화, 새단어, 꼭 알아야 할 piont(문법설명), 레벨 UP 테스트로 구성되어 있습니다. 또, 중간 중간 plus 그림 단어를 삽입하여 꼭 알아야 할 분야별 단어들을 쉽고 재미있게 학습할 수 있도록 따로 정리하였습니다.

매과의 자세한 내용은 구성 및 활용법에서 참고하시기 바랍니다.

이 책이 중국어를 학습하시는 많은 분들께 좋은 안내서가 되길 희망하며, 아낌없이 의견을 주시면 차후 개정 보안할 것을 약속드립니다.

구성 및 활용법

회화

중국을 배경으로 회화 내용이 전개되어 중국의 문화와 습관도 함께 살펴볼 수 있습니다. 실생활에 주로 쓰이는 구어 표현을 중심으로 실었고, 기본편에서는 한글 발음도 있어 혼자서도 무리없이 공부할 수 있습니다. 그러나 중국어에는 우리말에는 없는 발음이 있으므로 오디오 CD를 들으며 열심히 따라 읽는 것이 정확한 발음을 익히는 최선의 방법입니다.

중국어로도 바꿔 보세요.

이 부분은 먼저 회화문을 충분히 읽고, 해석도 해 보고, 꼭 알아야 할 point도 학습한 후에 마지막으로 회화문을 보지 않고 한글 해석만 보며 중국어로 바꿔보는 연습을 하는 곳입니다.
오디오 CD에 우리말 해석과 중국어를 함께 실었으므로 여러 번 듣고 따라 하다보면 저절로 중국어 문장을 익힐 수 있을 것입니다.
우리말을 중국어로 바꿔 보는 연습을 하면 중국어 실력이 훨씬 빨리 향상되는 것을 느낄 수 있으므로 꼭 해 보세요.

새단어

회화를 읽어보기 전에 한번 쭉 읽어보고 지나가세요.
오디오 CD에 우리말과 중국어가 함께 녹음되어 있으므로 여러 번 반복해서 들으면 저절로 단어를 익힐 수 있습니다.

꼭 알아야 할 point

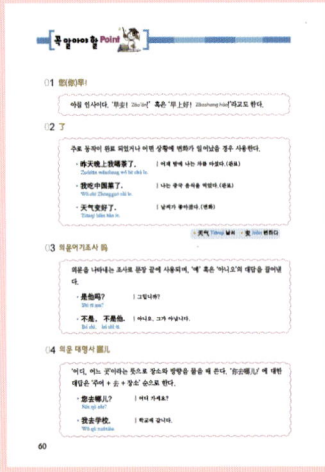

각 과에 나와 있는 주요 표현이나 문법 사항을 실용적인 예문을 들어 알기 쉽게 설명하였습니다. 회화문을 익히면서 같이 살펴보세요.

레벨 UP 테스트

꼭 알아야 할 point에 나와 있는 주요 내용을 중심으로 그 과의 포인트를 확실히 이해하고 있는지 테스트 해 보는 곳입니다.

plus 그림 단어

주제별로 묶어 놓은 그림 단어로 꼭 알아야 할 분야별 단어를 쉽고 재미있게 학습할 수 있도록 따로 정리한 곳입니다. 첫걸음에서는 많은 단어를 익히는 것이 어렵겠지만 여기에 있는 어휘를 다 익히고 나면 간단한 회화를 어느 정도 할 수 있게 될 것입니다.

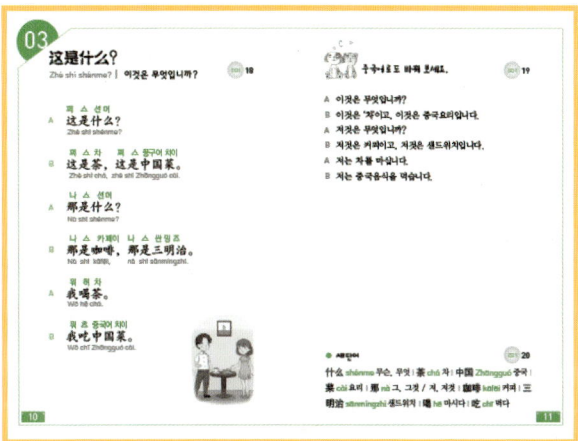

중국어 기본 회화

본책에 녹음되어 있는 '회화, 중국어로도 바꿔 보세요, 새단어'를 들고다니면서 듣기 연습도 함께 할 수 있도록 꾸몄습니다. 중국어 회화를 여러 번 들어본 후 녹음되어 있는 한국어를 따라 중국어로도 바꿔보는 연습을 하면 실력이 쑥쑥 향상되는 것을 느낄 수 있을 것입니다.

중국어 기본 단어

초보자가 알아야 할 기본 단어와 일상회화에 꼭 필요한 주제별 어휘를 모아 놓았습니다.

기본 단어

년 | 월 | 일 | 주 | 요일·계절 | 시간 | 띠 | 때 | 단위 | 방향 | 대명사 | 기본 동사 | 기본 형용사

주제별 기초 어휘

가족·친척 | 호칭관계 | 신체·신체 내부 | 신체동작 | 외모·체격 | 성격·태도 | 감정 | 과일 | 육류·어패류 | 곡류·채소류 | 한국 음식 | 패스트푸드와 간식 | 패스트푸드점 | 커피/차·음료 | 주류 맛 | 조리하기·조미료 | 식기 | 쇼핑하기 | 의복 | 사이즈·색상 | 속옷·양말 | 신발·잡화 | 주거생활 가전제품 | 가구류·침구류 | 청소·세탁 | 욕실 | 병과 증상 | 병원 | 학교 | 학생·교사 | 학습·수업 학과·전공 | 문구·교구 | 교통 | 건물과 상점 | 대중교통 | 취미 | 스포츠 종목 | 동물

차례

중국어의 발음   12

기본편

9

중국어의 발음

중국어의 발음은 성모, 운모, 성조로 이루어져 있다.

성모는 우리말의 자음, 운모는 우리말의 모음에 해당하며 성조는 우리말에는 없는 음의 높낮이를 말한다.

한 글자의 발음은 하나의 성모와 하나 이상의 운모 그리고, 하나의 성조가 결합되어 이루어진다.

예   성조   성조
   성모 ↓   성모 ↓
   hěn(很)   hǎo(好)
   운모   운모

 01

성모 성모는 우리말의 자음에 해당하며 음절 첫 부분에 위치한다. 발음 위치와 발음 형태에 따라 크게 '쌍순음, 순치음, 설첨음, 설근음, 설면음, 권설음, 설치음' 7개로 나뉜다.

b [bo 뽀]	**p** [po 포]	**m** [mo 모]	
f [fo 포]			
d [de 떠]	**t** [te 터]	**n** [ne 너]	**l** [le 러]
g [ge 꺼]	**k** [ke 커]	**h** [he 허]	
j [ji 지]	**q** [qi 치]	**x** [xi 시]	
zh [zhi 즈]	**ch** [chi 츠]	**sh** [shi 스]	**r** [ri 르]
z [zi 쯔]	**c** [ci 츠]	**s** [si 쓰]	

14

02

쌍순음>> 두 입술을 붙였다가 떼면서 하는 발음이다.

b [뻐]

八 bā 팔(숫자)

p [포]

跑 pǎo 뛰다

m [모]

忙 máng 바쁘다

순치음>> 아랫입술에 윗니를 살짝 붙였다가 떼면서 영어의 f처럼 발음한다.

f [포]

饭 fàn 밥

설첨음>> 혀를 윗잇몸 안쪽에 붙였다 떼며 하는 발음이다. [ㄷ, ㄸ], [ㅌ], [ㄴ], [ㄹ]처럼 발음한다.

d [떠]

大 dà 크다

t [터]

头 tóu 머리

중국어의 발음　**15**

拿 ná 들다, 가지다

老 lǎo 늙다

설근음>> 목구멍 깊숙한 곳에서 소리를 끌어올리며 내는 발음이다.

高 gāo 높다

口 kǒu 입

喝 hē 마시다

설면음>> 혀를 넓게 펴고 입을 옆으로 벌린채 발음한다.

家 jiā 집

七 qī 칠

x [시]

小 **xiǎo** 작다

권설음 >> 혀끝을 말아 올려 내는 발음이다.

zh [즈]

找 **zhǎo** 찾다

ch [츠]

吃 **chī** 먹다

sh [스]

书 **shū** 책

r [르]

人 **rén** 사람

설치음 >> 혀끝을 아랫니 안쪽에 대고 발음한다.

Z
[쯔]

坐 zuò 앉다

C
[츠]

草 cǎo 풀

S
[쓰]

三 sān 숫자 3

03

운모

중국어의 운모는 우리말의 모음에 해당하며 성모 다음에 위치한다. 하나의 운모로 이루어진 단운모, 두 개 이상의 운모로 이루어진 복운모, 비음이 들어간 비음운모, 혀를 둥글게 말아 발음하는 권설운모, 그리고 i, u, ü 뒤에 다른 운모가 결합된 결합운모가 있다.

a	o	e	i	u	ü			
[아]	[오]	[어]	[이]	[우]	[위]			

ai	ei	ao	ou					
[아이]	[에이]	[아오]	[오우]					

an	en	ang	eng	ong				
[안]	[언]	[앙]	[엉]	[옹]				

er								
[얼]								

ia	ie	iao	iou(iu)	ian	in	iang	ing	iong
[이아]	[이에]	[이아오]	[이우]	[이엔]	[인]	[이앙]	[잉]	[이옹]

ua	uo	uai	uei(ui)	uan	uen(un)	uang	ueng	
[우아]	[우오]	[우아이]	[우이]	[우안]	[운]	[우앙]	[우엉]	

üe	üan	ün						
[위에]	[위엔]	[윈]						

단운모 >> 하나의 운모로 된 운모이다.  **04**

a [아]	
妈妈 mā̄ma 엄마	佛 fó 부처

e [어]	i [이]

渴 kě 목마르다	七 qī 7

u [우]	ü [위]

五 wǔ 5	去 qù 가다

※ j, q, x 와 ü가 결합될 때에는 ü를 u로 쓴다.

복운모 >> 두 개의 단운모가 결합된 것을 말하며 앞의 음을 중점적으로 발음한다.

ai [아이]	ei [에이]

开 kāi 열다	累 lèi 피곤하다

ao [아오]

毛 **máo** 털

ou [오·우]

狗 **gǒu** 개

비음운모 >> n 이나 ng같은 비음이 들어 있는 운모이다.

an [안]

饭 **fàn** 밥

en [언]

门 **mén** 문

ang [앙]

忙 **máng** 바쁘다

eng [엉]

风 **fēng** 바람

ong [옹]

动 **dòng** 움직이다

권설운모 혀를 말아 발음하는 권설음 r이 들어있는 운모이다.

er [얼]

二 èr 2

결합운모>> i 결합운모

 05

입술을 일자로 넓 게 편 상태로 내는 발음한다.

ia (ya) [이아(야)]

价格 jiàgé 가격
牙齿 yáchǐ 치아

ie (ye) [이에(예)]

谢谢 xièxie 감사하다
爷爷 yéye 할아버지

iao (yao) [이아오(야오)]

小猫 xiǎomāo 새끼고양이
药 yào 약

iou (iu) (you) [이우(여우)]

牛奶 niúnǎi 우유
有钱 yǒuqián 돈이 있다

22

ian
(yan)
[이엔(옌)]

电话 diànhuà 전화
颜色 yánsè 색

in
(yin)
[인]

钢琴 gāngqín 피아노
饮料 yǐnliào 음료

iang
(yang)
[이앙(양)]

大象 dàxiàng 코끼리
羊 yáng 양

ing
(ying)
[잉]

名片 míngpiàn 명함
英雄 yīngxióng 영웅

iong
(yong)
[이옹(용)]

熊猫 xióngmāo 곰
游泳 yóuyǒng 수영 (하다)

결합운모 >> u 결합운모

입술을 둥글게 오므려 발음한다.

ua
(wa)
[우아(와)]

花儿 huār 꽃
娃娃 wáwa 인형

uo
(wo)
[우오(워)]

火车 huǒchē 기차
卧室 wòshì 침실

uai
(wai)
[우아이(와이)]

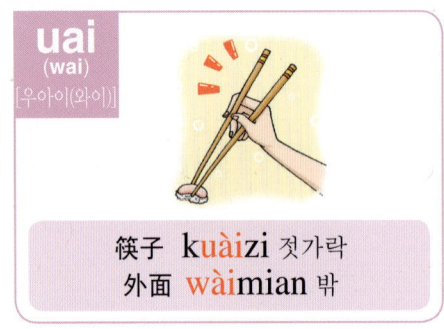

筷子 kuàizi 젓가락
外面 wàimian 밖

uei (ui)
(wei)
[우이(웨이)]

回家 huíjiā 귀가하다
位子 wèizi 자리

uan
(wan)
[우안(완)]

欢迎 huānyíng 환영하다
晚上 wǎnshang 저녁

uen (un)
(wen)
[우원(원)]

春天 chūntiān 봄
蚊子 wénzi 모기

uang
(wang)
[왕]

窗户 chuānghu 창문
王子 wángzǐ 왕자

ueng
(weng)
[우엉(웡)]

翁 wēng 노인

결합운모 >> ü 결합운모

입술을 둥글게 오므려 앞으로 내밀고, 발음이 끝날 때까지 입모양을 그대로 유지한 채, [위]하고 발음한다.

üe [위에]

学习 xuéxí 공부하다
月亮 yuèliang 달

üan [위엔]

选择 xuǎnzé 선택하다
院子 yuànzi 뜰

ün [윈]

军人 jūnrén 군인
运动 yùndòng 운동하다

운모 표기법 성모 없이 운모로만 음절이 시작될 때는 그 표기법이 달라진다.

1. i로 시작되는 음절은 i를 y로 바꾸어 표기한다.
   ian → yan[옌], ia → ya[야], iong → yong[용]

2. u로 시작하는 음절은 u를 w로 바꾸어 표기한다.
   ua → wa[와], uo → wo[워], uen → wen[원]

3. ü로 시작하는 음절은 ü를 yu로 바꾸어 표기한다.
   üe → yue[위에], üan → yuan[위엔], ün → yun[윈]

4. ü는 j, q, x 뒤에서는 위의 두 점을 떼어내고 u로 쓴다.
   jü → ju[쥐], qüe → que[취에], xüan → xuan[쉬엔]

성조는 음의 높낮이를 표시하는 것이다.

제1성, 제2성, 제3성, 제4성, 경성이 있으며 발음법이 모두 다르다. 성조가 달라지면 뜻도 변하므로 중국어를 정확하게 구사하려면 성조를 제대로 익혀서 잘 발음해야한다.

다음은 그림에 따른 성조 발음법이다.

성조

제 1 성   높은음을 평탄하고 길게 끌면서 낸다. **06**

ā

제 2 성   약간 높은음에서 높은음으로 끌어올리며 발음한다.

á

제 3 성   약간 낮은음에서 시작하여 가장 낮은음까지 내려갔다가 다시 조금 올리는 음이다.

ǎ

제 4 성   가장 높은음에서 시작하여 가장 낮은음까지 빨리 끌어내리는 음이다.

à

경　성   단어나 문장에서 발음하기 편하도록 원래의 성조를 무시하고 짧고 가볍게 읽는 성조를 말한다. 다른 성조의 영향을 받아 변하게 되며 어떤 성조가 결합되느냐에 따라 높낮이가 변한다. 경성은 성조 표시를 하지 않는다.

a

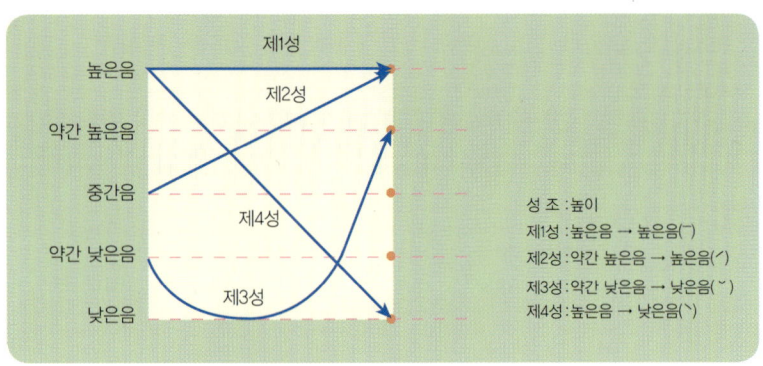

07

성조 연습 1

다음의 성조를 연습해 보세요.

1. 제1성

> ā　　　mā　　　jīntiān　　　fēijī

2. 제2성

> á　　　lái　　　yínháng　　　xuéxí

3. 제3성

> ǎ　　　hǎo　　　dǎ　　　hěn

4. 제4성

> à　　　kuài　　　diànhuà　　　zàijiàn

5. 경성

> a　　　māma　　　yéye　　　bàba

성조 표기 규칙

성조는 각 음절의 주요 운모에 표기하는데 표기 방법은 다음과 같다.

1. 단운모일 경우 그 운모 위에 표기한다.

> mǎ　　　qù　　　tā

2. 복합운모이거나 결합운모일 경우 a> e,o> i,u의 순서대로 표기한다.
   a가 있으면 무조건 a에 표기하고 없으면 e나 o에 표기한다. e와 o가 동시에 나오는
   경우는 없다.

> hǎo　　　nèi　　　yǒu

3 i,u가 나란히 있는 경우는 뒤에 위치한 운모에 표기한다.

> huí　　　jiǔ

성조 변화(변조)

여러 음절을 연이어 발음할 때, 다른 성조의 영향을 받아 본래의 성조가 변하기도 한다. 다음은 성조가 변하는 예이다.

1. 3성+3성일 때의 성조 변화

   2성 + 3성으로 변한다.

   > 你好　你好
   > nǐ hǎo　→　ní hǎo
   >
   > 很好　　很好
   > hěn hǎo　→　hén hǎo

2. 不의 성조 변화

   不 bù 는 원래 4성인데 4성 앞에서는 2성으로 변한다.

3. 一의 성조 변화

一 yī 의 원래 성조는 1성인데 1, 2, 3성 앞에서는 4성으로, 4성 앞에서는 2성으로 변한다.

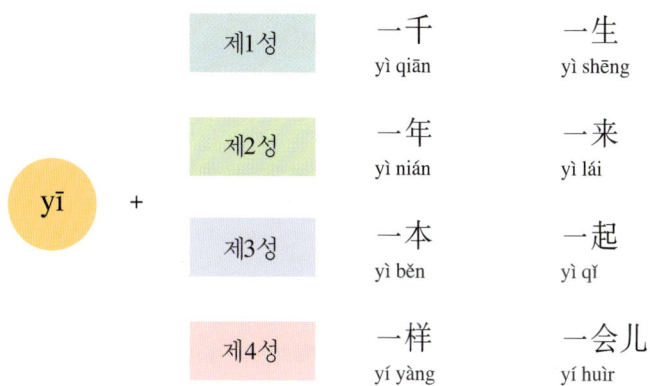

	一千 yì qiān	一生 yì shēng
제1성		
제2성	一年 yì nián	一来 yì lái
제3성	一本 yì běn	一起 yì qǐ
제4성	一样 yí yàng	一会儿 yí huìr

서수나 단독으로 읽을 때는 1성으로 읽는다.

第一　　一
dì yī　　yī

성조 연습 2

 08

다음의 성조를 연습해 보세요.

	公司 gōngsī	咖啡 kāfēi	飞机 fēijī
제1성			
제2성	喝茶 hē chá	今年 jīnnián	中国 Zhōngguó
제3성	经理 jīnglǐ	喝酒 hē jiǔ	身体 shēntǐ
제4성	希望 xīwàng	工作 gōngzuò	音乐 yīnyuè
경성	东西 dōngxi	哥哥 gēge	妈妈 māma

제1성 +

	제1성	昨天 zuótiān	明天 míngtiān	结婚 jiéhūn
	제2성	韩国 Hánguó	学习 xuéxí	银行 yínháng
제2성 +	제3성	没有 méiyǒu	词典 cídiǎn	啤酒 píjiǔ
	제4성	名片 míngpiàn	愉快 yúkuài	一样 yí yàng
	경성	名字 míngzi	爷爷 yéye	麻烦 máfan

	제1성	烤鸭 kǎoyā	老师 lǎoshī	北京 Běijīng
	제2성	很忙 hěnmáng	可能 kěnéng	有名 yǒumíng
제3성 +	제3성	可以 kěyǐ	你好 nǐ hǎo	很好 hěn hǎo
	제4성	很累 hěnlèi	晚饭 wǎnfàn	感冒 gǎnmào
	경성	奶奶 nǎinai	小姐 xiǎojie	你们 nǐmen

제1성	健康 jiànkāng	汽车 qìchē	上班 shàngbān
제2성	去年 qùnián	练习 liànxí	上学 shàngxué
제3성	握手 wòshǒu	地铁 dìtiě	号码 hàomǎ
제4성	再见 zàijiàn	电话 diànhuà	现在 xiànzài
경성	外面 wàimian	袜子 wàzi	爸爸 bàba

제4성 +

기본편

01

你好!
Nǐ hǎo! | 안녕하세요!

니 하오
A 你好!
Nǐ hǎo!

니 하오
B 你好!
Nǐ hǎo!

추 츠 지엔 미엔
A 初次见面!
Chūcì jiànmiàn!

추 츠 지엔 미엔
B 初次见面!
Chūcì jiànmiàn!

환 잉 니
A 欢迎你!
Huānyíng nǐ!

씨에씨에
B 谢谢!
Xièxie!

 중국어로도 바꿔 보세요. **10**

A 안녕하세요!

B 안녕하세요!

A 처음뵙겠습니다.

B 처음뵙겠습니다.

A 어서오세요.

B 감사합니다.

새단어 **11**

- **你** nǐ 너, 당신 • **好** hǎo 좋다 • **初次** chūcì 처음 • **见面** jiànmiàn 만나다
- **欢迎** huānyíng 환영(하다) • **谢谢** xièxie 고맙다

┌─ 인칭 대명사 ─
- **我** wǒ 나 • **我们** wǒmen 우리 • **你** nǐ 너 • **你们** nǐmen 너희 • **他** tā 그
- **他们** tāmen 그들 • **她** tā 그녀 • **她们** tāmen 그녀들

A 짜이지엔
再见!
Zàijiàn!

B 짜이지엔
再见!
Zàijiàn!

A 씨에씨에
谢谢!
Xièxie!

B 부 커 치
不客气!
Bú kèqi!

A 뚜이 부 치
对不起!
Duì bu qǐ!

B 메이꾸안시
没关系!
Méiguānxi

 중국어로도 바꿔 보세요.

 13

A 안녕히 계세요.

~~~~~~

B 안녕히 가세요.

~~~~~~

A 감사합니다.

~~~~~~

B 별말씀을요.

~~~~~~

A 죄송합니다.

~~~~~~

B 괜찮습니다.

~~~~~~

 새단어

 14

- 再 zài 다시 ・ 见 jiàn 보다 ・ 客气 kèqi 체면차리다
- 对不起 duìbuqǐ 미안하다 ・ 没关系 méiguānxi 괜찮다

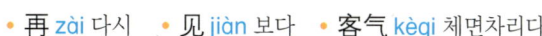

这是谁？

Zhè shì shuí? | 이분은 누구입니까?

 15

쩌 스 쉐이

A 这是谁？

Zhè shì shuí?

쩌 스 워 빠바

B 这是我爸爸。

Zhè shì wǒ bàba.

빠바　　　쩌 스 워 더 난 펑여우

爸爸，这是我的男朋友。

Bàba, zhè shì wǒ de nánpéngyou.

보푸　　　닌 하오

A 伯父，您好！

Bófù, nín hǎo!

 중국어로도 바꿔 보세요. **16**

A 이 분은 누구시니?

~~~~~~

B 우리 아빠야.

~~~~~~

아빠, 이쪽은 제 남자친구예요.

~~~~~~

A 아버님. 안녕하세요!

~~~~~~

 새단어 **17**

- **这** zhè 이, 이것 **是** shì ~이다 **谁** shuí 누구 **爸爸** bàba 아빠, 아버지
- **男朋友** nánpéngyou 남자 친구 **伯父** bófù 백부, 큰아버지

> ● 호칭 伯父 ●
>
> 원래는 '큰 아버지'란 뜻이지만, 존경 혹은 친근감의 표시로 친척이 아닌 경우에 사용하기도 한다. 보통 친구의 아버지에게 이 호칭을 많이 사용하며, 친구의 어머니에게는 주로 '伯母bómǔ'를 사용한다.

01 지시대명사 这

원래는 '이, 이것'이라는 뜻으로 가까이 있는 사물을 가리킬 때 주로 쓰이지만, 옆에 있는 사람을 소개할 때 '이분, 이 사람'이라는 뜻으로도 쓰인다.

- 这是我妈妈。 ┃ 이분은 제 어머니입니다.
  Zhè shì wǒ māma.

02 동사 是

'~이다'라는 뜻이며, 주로 '주어 + 是 + 명사' 형태로 사용된다. 부정형은 '不是(~이 아니다)'이다.

- 我是学生。 ┃ 저는 학생입니다.
  Wǒ shì xuésheng.
- 他不是我爸爸。 ┃ 그는 제 아버지가 아닙니다.
  Tā bú shì wǒ bàba.

03 의문사 谁

'누구'라는 뜻이며, '是' 앞에 올 수도 있고 뒤에 올 수도 있다.

- 她是谁? ┃ 그녀는 누구입니까?
  Tā shì shuí?
- 谁是你的朋友? ┃ 누가 당신의 친구입니까?
  Shuí shì nǐ de péngyou?

04 조사 的

'~의'라는 뜻으로 종속관계를 나타낸다. 속한 대상이 가족일 경우에는 일반적으로 '的'를 사용하지 않는다.

- 我的朋友 ┃ 나의 친구   • 他的手机 ┃ 그의 휴대폰
  wǒ de péngyou   tā de shǒujī
- 她妈妈 ┃ 그녀의 어머니   • 你爸爸 ┃ 너의 아버지
  tā māma   nǐ bàba

01 그림을 보며 대화를 완성해 보세요.

1) **A** 他是谁? 그는 누구입니까?
　　 Tā shì shuí?

　 B 他是 ＿＿＿＿＿＿＿。
　　 Tā shì ＿＿＿＿＿＿＿＿＿ .

2) **A** ＿＿＿＿＿＿ ?
　　 ＿＿＿＿＿＿＿＿ ?

　 B 她是我妈妈。 그녀는 제 어머니입니다.
　　 Tā shì wǒ māma.

02 그림을 보며 문장을 완성해 보세요.

1) 我 ＿＿＿ 老师 ＿＿＿ 学生.
　 Wǒ ＿＿＿＿＿ lǎoshī ＿＿＿＿ xuésheng.

2) 她 ＿＿＿ 我妈妈, ＿＿＿ 我奶奶.
　 Tā ＿＿＿＿＿ wǒ māma, ＿＿＿＿ wǒ nǎinai.

해답

01. 1) 我的男朋友 wǒ de nánpéngyou.　　2) 她是谁 Tā shì shuí

02. 1) 不是 bú shì, 是 shì　　2) 不是 bú shì, 是 shì

03

这是什么?

Zhè shì shénme？ | 이것은 무엇입니까?

 18

A
쩌 스 션머
这是什么？
Zhè shì shénme？

B
쩌 스 차　쩌 스 쭝구어 차이
这是茶，这是中国菜。
Zhè shì chá,　zhè shì Zhōngguó cài.

A
나 스 션머
那是什么？
Nà shì shénme?

B
나 스 카페이　나 스 싼밍즈
那是咖啡，那是三明治。
Nà shì kāfēi,　nà shì sānmíngzhì.

A
워 허 차
我喝茶。
Wǒ hē chá.

B
워 츠 쭝구어 차이
我吃中国菜。
Wǒ chī Zhōngguó cài.

 중국어로도 바꿔 보세요. 19

A 이것은 무엇입니까?

~~~~~~

B 이것은 '차'이고, 이것은 중국요리입니다.

~~~~~~

A 저것은 무엇입니까?

~~~~~~

B 저것은 커피이고, 저것은 샌드위치입니다.

~~~~~~

A 저는 차를 마십니다.

~~~~~~

B 저는 중국음식을 먹습니다.

~~~~~~

 새단어 20

- 什么 shénme 무슨, 무엇 • 茶 chá 차 • 中国 Zhōngguó 중국
- 菜 cài 요리 • 那 nà 그, 그것 / 저, 저것 • 咖啡 kāfēi 커피
- 三明治 sānmíngzhì 샌드위치 • 喝 hē 마시다 • 吃 chī 먹다

01 지시대명사 这, 那

'这'는 '이 / 이것'이라는 뜻으로 가까이에 있는 사람이나 사물을 가리킬 때 쓰는 지시대명사이고, '那'는 '그 / 그것, 저 / 저것'이라는 뜻으로 비교적 멀리 있는 것을 가리킬 때 쓰는 지시대명사이다. 중국어는 우리처럼 '그'와 '저'가 따로 구분되어 있지 않고 멀리 있는 것은 모두 '那'를 사용하여 가리킨다.

- 这是中国菜。 | 이것은 중국요리입니다.
  Zhè shì Zhōngguó cài.

- 那是三明治。 | 그것/저것은 샌드위치입니다.
  Nà shì sānmíngzhì.

02 의문사 什么

'무엇, 무슨'이라는 뜻의 의문사대명사로 문장 끝에 쓰이기도 하고, 명사 앞에 쓰여 명사를 수식하기도 한다.

- 你喝什么? | 당신은 무엇을 마십니까?
  Nǐ hē shénme?

- 什么菜 | 무슨 요리   - 什么茶 | 무슨 차
  shénme cài   shénme chá

03 동사와 목적어의 위치

우리말의 어순과는 다르게 목적어(宾语:빈어)는 동사 뒤에 위치하며, 부정할 때는 동사 앞에 '不'를 붙인다.

- 我吃三明治。 | 나는 샌드위치를 먹는다.
  Wǒ chī sānmíngzhì.

- 她不吃中国菜，她吃三明治。 | 그녀는 중국요리를 먹지 않고, 샌드위치를 먹는다.
  Tā bù chī Zhōngguó cài, tā chī sānmíngzhì.

01 그림을 보고 대답해 보세요.

1) **A** 那是什么?
Nà shì shénme?.

B 那是 ⬜⬜⬜ 。
Nà shì _____ .

2) **A** 这是什么?
Zhè shì shénme?.

B 这是 ⬜⬜ 。
Zhè shì _____ .

02 그림을 보며 다음 문장을 완성해 보세요.

1) 我 ⬜⬜ 茶 ⬜ 咖啡
Wǒ _____ chá _____ kāfēi.

2) 她 ⬜⬜ 烤鸭 ⬜ 三明治。
Tā _____ kǎoyā _____ sānmíngzhì.

04

请问，您贵姓？

Qǐng wèn, nín guì xìng? | 실례지만 성이 어떻게 되시죠?

 21

A 请问，您贵姓？
칭원 닌 꾸이 씽
Qǐng wèn, nín guì xìng?

B 我姓李，叫李美珍。
워 씽 리 찌아오 리 메이 쩐
Wǒ xìng Lǐ, jiào Lǐ Měizhēn.

A 李美金？
리 메이 진
Lǐ Měi jīn?

B 不是李美金，是李美珍。
부 스 리 메이 진 스 리 메이 쩐
Bú shì Lǐ Měi jīn, shì Lǐ Měi zhēn

A 李美珍？
리 메이 쩐
Lǐ Měi zhēn?

B 对了！
뚜이 러
Duì le!

46

 중국어로도 바꿔 보세요.

 22

A 실례지만, 성이 어떻게 되세요?

B 저는 성이 '이'이고, 이름은 '이미진'이라고 합니다.

A '이미김'?

B '이미김'이 아니고 '이미진'이에요.

A 이미진?

B 네, 맞아요!

 새단어

 23

- 请 qǐng ~좀 해주세요   - 问 wèn 묻다   - 请问 qǐngwèn 실례합니다
- 叫 jiào 부르다, ~라고 불리다   - 贵 guì 귀하다, 존귀하다   - 姓 xìng 성
- 贵姓 guì xìng 성씨 (상대방의 성에 대한 높임말)   - 不 bù 아니다, ~않다
- 对 duì 맞다   - 了 le 단정을 나타내는 어기조사

01 请

'~ 좀 해주세요'라는 뜻으로 상대방이 어떤 일을 해 주기를 바랄 때 쓴다. 단독으로 쓰이기도 하고 동사 앞에 쓰이기도 하는데 '请'을 사용하면 완곡하면서도 부드러우며 예의 있는 표현이 된다.

- 请坐。 | 앉으세요.
  Qǐng zuò.

- 请进。 | 들어오세요.
  Qǐng jìn.

- 请吃水果。 | 과일 드세요.
  Qǐng chī shuǐguǒ.

- 请喝茶。 | 차 드세요.
  Qǐng hē chá.

상황에 따라 동사를 빼고 '请'만 단독으로 사용해도 의미는 통한다.

- 坐 zuò 앉다 · 进 jìn 들어가다(오다) · 水果 shuǐguǒ 과일

02 이름 묻기(1) 您贵姓?

처음 만나서 서로 이름을 물을 때 사용하는 표현이다. '성이 어떻게 되십니까'라는 뜻으로 성을 묻는 표현이지만 이름을 덧붙여 대답하기도 한다. '贵'는 '존귀하다', '고귀하다'라는 뜻으로 상대방을 높이는 표현이다.

대답은 일반적으로 다음과 같이 한다.

- 我姓李。 | 제 성은 李(리)입니다.
  Wǒ xìng Lǐ.

- 我姓李，叫李宁。 | 제 성은 李(리)이고, 李宁(리닝)이라고 합니다.
  Wǒ xìng Lǐ, jiào Lǐ Níng.

- 我叫李宁。 | 저는 李宁(리닝)이라고 합니다.
  Wǒ jiào Lǐ Níng.

03 부정사 不

동사/형용사 앞에 쓰여, 동사/형용사를 부정한다.

- 不好 | 좋지 않다
  Bù hǎo

- 不喝 | 마시지 않는다
  Bù hē

01 그림을 보며 대화를 완성해 보세요.

1) **A** [   ]?

　　　_____?

　　B 我姓李。
　　　Wǒ xìng Lǐ.

2) **A** 您贵姓?
　　　Nín guì xìng?

　　B 我姓 [   ] 叫 [   ]。
　　　Wǒ xìng _____ jiào _____ .

02 그림을 보며 완성해 보세요.

1) 请 [   ]。

　　Qǐng _____ .

2) 请 [   ]。

　　Qǐng _____ .

01. 1) 您贵姓 Nín guì xìng　2) 金 Jīn, 金明浩 Jīn Mínghào

02. 1) 喝咖啡 hē kāfēi　　　2) 进 jìn

05 你叫什么名字?

Nǐ jiào shénme míngzi? | 이름이 무엇입니까?

 24

니 찌아오 션머 밍즈
A 你叫什么名字?
Nǐ jiào shénme míngzi?

워 찌아오 따민 니 너
B 我叫大民，你呢?
Wǒ jiào Dà mín, nǐ ne?

워 찌아오 메이쩐
A 我叫美珍。
Wǒ jiào Měi zhēn.

니먼 하오 워 스 라오스 찌아오 짱 팡
C 你们好! 我是老师，叫张芳。
Nǐmen hǎo! Wǒ shì lǎoshī, jiào Zhāng Fāng.

짱 라오스 닌 하오
AB 张老师，您好!
Zhāng lǎoshī, nín hǎo!

런 스 니먼 헌 까오 씽
C 认识你们，很高兴。
Rènshi nǐmen, hěn gāoxìng.

 중국어로도 바꿔 보세요.   **25**

A 너는 이름이 뭐니?

~~~~~~

B 나는 '대민'이야. 너는?

~~~~~~

A 나는 '미진'이라고 해.

~~~~~~

C 안녕하세요! 저는 선생님이고, '장팡'이라고 해요.

~~~~~~

AB 장 선생님 안녕하세요!

~~~~~~

C 만나서 반갑습니다.

~~~~~~

 새단어   **26**

- 名字 míngzi 이름 • 老师 lǎoshī 선생님, 교사 • 认识 rènshi 알다, 인식하다
- 很 hěn 매우 • 高兴 gāoxìng 기쁘다

인명 • 大民 Dà mín 대민 • 美珍 Měi zhēn 미진 • 张芳 Zhāng Fāng 장팡

01 이름 묻기 (2) 你叫什么名字?

‘您贵姓?’에 비해 비교적 격식을 갖추지 않은 물음이다. 일반적으로 선생님이 학생에게, 혹은 연장자가 손아랫 사람에게 말할 때 사용한다.

- 你叫什么名字? | 이름이 뭐니?
  Nǐ jiào shénme míngzi?
- 我叫韩华真。 | 나는 한화진이라고 해.
  Wǒ jiào Hán Huázhēn.

02 생략형 의문문 呢

‘주어 + 呢’의 형태로 생략형 의문문에 많이 사용되며, ‘~는 (요)?’라는 뜻이다.

- 我喝咖啡，你呢? | 저는 커피 마실래요. 당신은요?
  Wǒ hē kāfēi, nǐ ne?
- 我很好，你呢? | 나는 아주 좋아. 너는?
  Wǒ hěn hǎo, nǐ ne?

03 부사 很

‘매우’라는 뜻이다. 긍정문에서는 형용사 앞에 습관적으로 쓰이는데, 이때의 ‘很’은 의미 없이 형용사 앞에 고정적으로 덧붙여지는 형식에 불과하다.

- 我很累。 | 나는 피곤하다.
  Wǒ hěn lèi.
- 我很忙。 | 나는 바쁘다.
  Wǒ hěn máng.
- 我很高兴 | 나는 기쁘다.
  Wǒ hěn gāoxìng.
- 我很好。 | 나는 잘 지낸다.
  Wǒ hěn hǎo.

‘很’이 쓰인 문장을 부정할 때에는 대부분 ‘很’을 없애고 ‘不’를 붙인다.

- 我不累。| 나는 안 피곤하다.
  Wǒ bú lèi.
- 我不忙。| 나는 안 바쁘다.
  Wǒ bù máng.
- 我不高兴。| 나는 안 기쁘다.
  Wǒ bù gāoxìng.
- 我不好。| 나는 잘 지내지 못한다.
  Wǒ bù hǎo.

01 다음 대화를 완성해 보세요.

1) **A** _____ ?
   _____ ?

   B 我叫金成民。
   Wǒ jiào Jīn Chéngmín.

2) **A** 她叫什么名字?
   Tā jiào shénme míngzi?

   B 她叫 _____。
   Tā jiào _____ .

韩华真
tel : 334-94**
fax : 332-17**
서울시 서대문구 연희동 XXX
XXX XXX XX빌딩

02 그림을 보며 다음 문장을 완성해 보세요.

1) 我 __ 忙。
   Wǒ _____ máng.

2) 他 __ 累。
   Tā _____ lèi.

 해답

01. 1) 你叫什么名字? Nǐ jiào shénme míngzi?　　2) 韩华真 Hán Huázhēn

02. 1) 很 hěn　　2) 不 bú

你是哪国人？

Nǐ shì nǎ guó rén?　|　어느 나라 사람이세요？

 27

칭원　　니 스 나 구어 런

A 请问，你是哪国人？
　　Qǐng wèn,　nǐ　shì　nǎ guó rén?

워 스 메이구어 런　　니 너

B 我是美国人，你呢？
　　Wǒ shì　Měiguó rén,　nǐ　ne?

워 스 한 구어 런　　니 더 한위 헌 하오

A 我是韩国人。你的汉语很好。
　　Wǒ shì Hánguó rén.　Nǐ de Hànyǔ hěn hǎo.

워 짜이 베이징　쉐 구어 한위

B 我在北京学过汉语。
　　Wǒ zài Běijīng xué guo Hànyǔ.

워 예 짜이 베이징 쉐 구어 한위

A 我也在北京学过汉语。
　　Wǒ yě zài Běijīng xué guo Hànyǔ.

오　　쩌 스 찌에 쩐 시아오

B 哦，这世界真小！
　　Ò,　zhè shìjiè zhēn xiǎo!

 중국어로도 바꿔 보세요.

 28

A 말씀 좀 물을게요, 어느 나라 사람이세요?

~~~~~~

B 저는 미국인입니다. 당신은요?

~~~~~~

A 저는 한국인입니다. 중국어 잘하시네요.

~~~~~~

B 베이징에서 중국어를 배운 적이 있거든요.

~~~~~~

A 저도 베이징에서 중국어를 배운 적이 있어요.

~~~~~~

B 오, 세상 참 좁군요!

~~~~~~

 새단어

 29

- 哪国 nǎ guó 어느 나라 • 美国 Měiguó 미국 • 美国人 Měiguó rén 미국인
- 呢 ne 의문어기조사 • 韩国 Hánguó 한국 • 韩国人 Hánguó rén 한국인
- 汉语 Hànyǔ 중국어 • 在 zài ~에서, ~에 • 北京 Běijīng 베이징
- 学 xué 배우다 • 过 guo ~한 적이 있다 • 也 yě ~도, 역시 • 哦 ò 오 (감탄사)
- 世界 shìjiè 세계, 세상 • 真 zhēn 정말 • 小 xiǎo 작다

01 부사 也

동사 앞에 쓰이며 '~도, ~역시'라는 뜻으로 두 가지 일이 같음을 나타낸다. 부정할 때는 동사 앞에 '不'를 사용한다.

- 我也是韩国人。 | 저도 한국 사람입니다.
  Wǒ yě shì Hánguórén.
- 她也不是老师。 | 그녀도 선생님이 아닙니다.
  Tā yě búshì lǎoshī.

02 전치사 在 (1)

'~에, ~에서'라는 뜻이며, 주로 '在 + 장소 + 동사' 형태로 쓰인다

- 我在中国学过汉语。 | 나는 중국에서 중국어를 공부한 적이 있다.
  Wǒ zài Zhōngguó xué guo Hànyǔ.
- 你在哪儿吃饭? | 너는 어디에서 밥을 먹니?
  Nǐ zài nǎr chīfàn?

03 조사 过

'~한 적이 있다'라는 뜻으로 동사 뒤에 쓰여 과거에 이러한 일이 있었음을 나타낸다.

- 我学过英语。 | 저는 영어를 배워본 적이 있습니다.
  Wǒ xué guo Yīngyǔ.
- 你吃过中国菜吗? | 당신은 중국 음식을 먹어 본 적이 있습니까?
  Nǐ chī guo Zhōngguó cài ma?

56

01 그림을 보며 대답해 보세요.

1) **A** _____ ?

_____ ?

B 她是韩国人。
Tā shì Hánguórén.

2) **A** 她是哪国人?
Tā shì nǎ guó rén?

B 她是 _____ 。
Tā shì _____ .

02 보기와 같이 다음 문장을 완성해 보세요.

> 보기 | 她在英国学过英语。
> Tā zài Yīngguó xué guo Yīngyǔ.
> 그녀는 영국에서 영어를 공부한 적이 있다.

1) 我 _____ 学过汉语。

Wǒ _____ xué guo Hànyǔ.

나는 중국에서 중국어를 공부한 적이 있다.

2) 我 _____ 中国菜。

Wǒ _____ Zhōngguó cài.

나는 중국 음식을 먹어 본 적이 있다.

해답

01. 1) 她是哪国人 Tā shì nǎ guó rén 2) 中国人 Zhōngguó rén

02. 1) 在中国 zài Zhōngguó 2) 吃过 chī guo

你去哪儿？

Nǐ qù nǎr? | 너 어디 가니?

 30

왕 라오스　닌 자오

A 王老师，您早！

Wáng lǎoshī! Nín zǎo!

니 자오　니 취 나알

B 你早！你去哪儿？

Nǐ zǎo! Nǐ qù nǎr?

워 취 찌아오스

A 我去教室。

Wǒ qù jiàoshì.

니 츠 따오 러　주어티엔 완샹　티아오우 러 마

B 你迟到了，昨天晚上跳舞了吗？

Nǐ chídào le, zuótiān wǎnshang tiàowǔ le ma?

워 주어티엔 완샹　쉐시 러

A 我昨天晚上学习了。

Wǒ zuótiān wǎnshang xuéxí le.

쩐더 마

B 真的吗？

Zhēn de ma?

 중국어로도 바꿔 보세요.

 31

A 왕 선생님, 안녕하세요!

〰〰

B 안녕! 너 어디 가니?

〰〰

A 교실에 가요.

〰〰

B 지각했네. 어제 저녁에 춤추러 갔었니?

〰〰

A 저 어제 저녁에 공부했어요.

〰〰

B 정말이니?

〰〰

 새단어

 32

- 早 zǎo 이르다 • 去 qù 가다 • 哪儿 nǎr 어디 • 教室 jiàoshì 교실
- 迟到 chídào 지각하다 • 昨天 zuótiān 어제 • 晚上 wǎnshang 저녁
- 跳舞 tiàowǔ 춤추다 • 学习 xuéxí 공부하다 • 真的 zhēnde 정말로
- 吗 ma 의문어기조사

꼭 알아야 할 Point

01 您(你)早!

> 아침 인사이다. '早安! Zǎo'ān!' 혹은 '早上好! Zǎoshang hǎo!'라고도 한다.

02 어기조사 了

> 주로 동작이 완료 되었거나 어떤 상황에 변화가 일어났을 경우 사용한다.
>
> • 昨天晚上我喝茶了。　　　| 어제 밤에 나는 차를 마셨다.(완료)
>   Zuótiān wǎnshang wǒ hē chá le.
>
> • 我吃中国菜了。　　　| 나는 중국 음식을 먹었다.(완료)
>   Wǒ chī Zhōngguó cài le.
>
> • 天气变好了。　　　| 날씨가 좋아졌다.(변화)
>   Tiānqì biàn hǎo le.

> • 天气 tiānqì 날씨　• 变 biàn 변하다

03 의문어기조사 吗

> 의문을 나타내는 조사로 문장 끝에 사용되며, '예' 혹은 '아니오'의 대답을 끌어낸다.
>
> • 是他吗?　　| 그입니까?
>   Shì tā ma?
>
> • 不是，不是他。　| 아니오, 그가 아닙니다.
>   Bú shì, bú shì tā.

04 의문 대명사 哪儿

> '어디, 어느 곳'이라는 뜻으로 장소와 방향을 물을 때 쓴다. '你去哪儿?'에 대한 대답은 '주어 + 去 + 장소' 순으로 한다.
>
> • 您去哪儿?　　| 어디 가세요?
>   Nín qù nǎr?
>
> • 我去学校。　　| 학교에 갑니다.
>   Wǒ qù xuéxiào.

01 빈 칸에 알맞은 번호를 채워 넣어 보세요.

① 吗   ② 了 ③ 모두 필요 없는 경우

1) 你去哪儿 ___?   Nǐ qù nǎr ___?

2) 真的 ___?   Zhēnde ___?

3) 你是哪国人 ___?   Nǐ shì nǎ guó rén ___?

4) 你是日本人 ___?   Nǐ shì Rìběn rén ___?

5) 你昨天去哪儿 ___?   Nǐ zuótiān qù nǎr ___?

6) 我昨天去教室 ___.   Wǒ zuótiān qù jiàoshì ___.

7) 我昨天晚上跳舞 ___.   Wǒ zuótiān wǎnshang tiàowǔ ___.

02 그림을 보며 대화를 완성해 보세요

1) 他昨天晚上 _____.
   Tā zuótiān wǎnshang _____ .

2) 他们昨天晚上 _____.
   Tāmen zuótiān wǎnshang _____ .

해답

01. 1) ③ 2) ①   3) ③ 4) ① 5) ② 6) ② 7) ②

02. 1) 学习了 xuéxí le   2) 跳舞了 tiàowǔ le

08

我上学去。

Wǒ shàngxué qù. | 학교에 가요.

 33

A
사오 밍　니 하오
小明，你好！
Xiǎo Míng, nǐ hǎo!

B
짱 라오스　닌 하오
张老师，您好！
Zhāng lǎoshī, nín hǎo!

A
니 깐 마 취
你干吗去？
Nǐ gànmá qù?

B
워　상쉐　취　닌 너
我 上 学 去。您呢？
Wǒ shàngxué qù. nín ne?

A
츄 라이저우저우
出来走走。
Chūlái zǒuzou.

B
닌　션티 하오 마
您身体好吗？
Nín shēntǐ hǎo ma?

A
하이처우 허
还凑合。
Hái còuhe.

62

 중국어로도 바꿔 보세요.

 34

A 샤오 밍, 안녕!

B 장 선생님, 안녕하세요!

A 뭐 하러 가니?

B 학교에 가요, 장 선생님은요?

A 산책하러 나왔어.

B 건강하시죠?

A 그런대로 괜찮아.

 새단어

 35

- 上学 shàngxué 등교하다   • 干吗 gànmá 뭐 하러   • 出来 chūlái 나가다
- 走走 zǒuzou 천천히 거닐다   • 身体 shēntǐ 몸, 건강   • 还 hái 아직, 여전히
- 凑合 còuhe 그럭저럭 괜찮다

01 호칭(1)

친숙함의 표현으로 젊은 사람을 부를 때, 성(姓) 앞에 小를 붙여 사용한다.

- 金明浩 | 진 밍하오 → 小 金 | 샤오 진
  Jīn Mínghào   xiǎo Jīn

- 李兰芳 | 리 란팡 → 小 李 | 샤오 리
  Lǐ Lánfāng   xiǎo Lǐ

02 干吗去?

'뭐 하러 가니?'라는 뜻으로 '你去哪儿? (너 어디에 가니?)'과 비슷하지만 주로 친한 사이에서만 사용한다. 대답(我上学去)에 쓰인 '주어 + 동사 (+목적어) + 去' 형태의 문형은 어떠한 활동이 현재 진행되고 있거나 곧 진행되려 함을 나타낸다.

- 你干吗去? | 너 뭐 하러 가니?
  Nǐ gànmá qù?

- 我上班去。 | 나 출근해.
  Wǒ shàngbān qù.

- 我喝咖啡去。 | 나 커피 마시러 가.
  Wǒ hē kāfēi qù.

• 上班 shàngbān 출근하다

03 단음절 동사의 중첩

대다수의 단음절 동사는 중첩하여 사용할 수 있으며, 중첩된 동사는 시도(~해 보다) 혹은 짧은 시간 동안의 동작, 행위(좀 ~하다)를 나타낸다.

- 考 → 考考   • 看 → 看看
  kǎo   kǎokao   kàn   kànkan
  시험하다   시험해 보다   보다   좀 보다

- 说 → 说说   • 走 → 走走
  shuō   shuōshuo   zǒu   zǒuzou
  말하다   말해 보다   걷다   좀 걷다

04 연동문

한 문장에 두 개의 술어 동사가 연속적으로 쓰인 형태이다. 앞 뒤 순서로 연속되는
두 동작을 나타내며 먼저 행해지는 동사가 앞에 쓰인다.

- 我去教室学习。 | 나는 공부하러 교실에 간다.
  Wǒ qù jiàoshì xuéxí.

- 他去美国学英语。 | 그는 영어를 배우러 미국에 간다.
  Tā qù Měiguó xué Yīngyǔ.

중국어 발음놀이

妈妈 骑马 马慢 妈妈 骂 马。
Māma qí mǎ mǎ màn māma mà mǎ.
엄마가 말을 타는데 말이 느려서 엄마가 말을 욕한다.

- 骑 qí 타다 • 马 mǎ 말 • 慢 màn 느리다 • 骂 mà 욕하다

01 알맞은 답을 연결해 보세요.

1) 您身体好吗? ·
   Nín shēntǐ hǎo ma?

· ① 他去教室学习了。
   Tā qù jiàoshì xuéxí le.

2) 他去哪儿了? ·
   Tā qù nǎr le?

· ② 还凑合。
   Hái còuhe.

02 그림을 보며 대답해 보세요.

1) **A** 你干吗去?
   Nǐ gànmá qù?

   B 我 _____ 去。
   Wǒ _____ qù.

2) **A** 她干吗去?
   Tā gànmá qù?

   B 她 _____ 去。
   Tā _____ qù.

03 다음 물음에 알맞지 않은 답을 골라보세요.

> 물음 | 你身体好吗?
> Nǐ shēntǐ hǎo ma?

① (我身体)很好   ② 挺好的   ③ 还凑合   ④ 对
(Wǒ shēntǐ) hěn hǎo   tǐng hǎo de   hái còuhe   duì

해답

01. 1) ②   2) ①
02. 1) 跳舞 tiàowǔ   2) 喝咖啡 hē kāfēi
03. ④

Plus 그림 단어

汤 tāng 국

米饭 mǐfàn 쌀밥

面包 miànbāo 빵

汉堡 hànbǎo 햄버거

比萨饼 bǐsàbǐng 피자

意大利面 yìdàlìmiàn 스파게티

牛奶 niúnǎi 우유

蛋糕 dàngāo 케익

热狗 règǒu 핫도그

水果 shuǐguǒ 과일

三明治 sānmíngzhì 샌드위치

可乐 kělè 콜라

冰淇淋 bīngqílín 아이스크림

好久不见，你好吗？

Hǎo jiǔ bú jiàn, nǐ hǎo ma? | 오랜만입니다. 잘 지내시죠?

 36

라오리우　하오지우 부 찌앤　　하이하오 마

A 老刘！好久不见，还好吗？

　　Lǎo Liú! Hǎo jiǔ bú jiàn, hái hǎo ma?

마마　후후　　왕 셴셩 너

B 马马虎虎，王先生呢？

　　Mǎma hūhū, Wáng xiānsheng ne?

하이 나 양

A 还那样。

　　Hái nàyàng.

이　　닌 셔우 러

B 咦，您瘦了。

　　Yí, Nín shòu le.

꽁주어 여우 레이 여우 망　　하이 넝 부 셔우

A 工作又累又忙，还能不瘦？

　　Gōngzuò yòu lèi yòu máng, hái néng bú shòu?

쩐 씬쿠 니 러

B 真辛苦你了。

　　Zhēn xīnkǔ nǐ le.

 중국어로도 바꿔 보세요.

 37

A 라오 리우! 오랜만입니다. 잘 지내시죠?

B 그저 그래요. 왕 선생님은요?

A 그저 그렇죠.

B 어머, 야위셨네요.

A 일이 피곤하고 바쁜데 어디 안 야윌 수가 있겠어요?

B 정말 고생하시네요.

 38

새단어

- 好 hǎo 좋다, 꽤, 제법 ・ 久 jiǔ 오래다 ・ 见 jiàn 보다, 만나다
- 马马虎虎 mǎma hūhū 대강대강하다 ・ 先生 xiānsheng 선생, 씨(성인 남자에 대한 호칭)
- 那样 nàyàng 그렇다 ・ 瘦 shòu 야위다, 마르다 ・ 工作 gōngzuò 일(하다) ・ 又 yòu 또
- 累 lèi 힘들다, 피곤하다 ・ 忙 máng 바쁘다 ・ 能 néng ~할 수 있다 ・ 真 zhēn 정말
- 辛苦 xīnkǔ 고생(하다)

01 호칭(2)

친숙함의 표현으로 나이든 사람에게 성(姓) 앞에 '老'를 붙여 부른다.
격식을 갖추고 존경을 표시하는 호칭 방법으로는 성(姓) 뒤에 '先生'이나 직명을
붙여 부르기도 한다.

- 王刚 → 老王 王老师(王先生)
  Wáng Gāng　　lǎo Wáng　Wáng lǎoshī (Wáng xiānsheng)
  왕 깡　　　　 왕 씨　　　왕 선생님 (왕 선생)

- 刘伟 → 老刘 刘经理(刘先生)
  Liú Wěi　　　lǎo Liú　　Liú jīnglǐ (Liú xiānsheng)
  리우 웨이　　 리우 씨　　리우 부장님 (리우 선생)

> • 经理 jīnglǐ 지배인, 매니저, 부장

02 又…又…

'~하기도 하고, ~하기도 하다'라는 뜻으로 앞 뒤 구분 없이 몇 가지 동작이나 상
황이 동시에 발생함을 나타낸다.

- 工作又累又忙。　　　　　　　| 일이 피곤하기도 하고 바쁘기도 하다.
  Gōngzuò yòu lèi yòu máng.

- 又要看电视，又要学习，他很忙。| TV보랴 공부하랴 그는 아주 바쁘다.
  Yòu yào kàn diànshì, yòu yào xuéxí, tā hěn máng.

- 又聪明，又漂亮。　　　　　　　| 똑똑하기도 하고, 예쁘기도 하다.
  Yòu cōngming, yòu piàoliang.

> • 聪明 cōngming 똑똑하다, 총명하다 • 漂亮 piàoliang 예쁘다
> • 电视 diànshì 텔레비젼 • 学习 xuéxí 공부하다

04 안부 묻기와 대답하기

안부 묻기

- 你好吗?
  Nǐ hǎo ma? | 안녕하세요?

- 你身体好吗?
  Nǐ shēntǐ hǎo ma? | 건강하세요?

- 你爸爸妈妈好吗?
  Nǐ bàba māma hǎo ma? | 아버지 어머니는 잘 계세요?

대답하기

- 很好。
  Hěn hǎo. | 아주 좋습니다.

- 挺好的。
  Tǐng hǎo de. | 좋습니다.

- 还那样。
  Hái nàyàng. | 그대로입니다.

- 还凑合。
  Hái còuhe. | 그런대로 괜찮습니다.

- 马马虎虎。
  Mǎma hūhū. | 그저 그렇습니다.

- 身体 shēntǐ 몸, 신체   - 挺 tǐng 매우, 아주

01 그림의 인물들을 친숙한 호칭으로 불러보세요.

1) 她姓张。
Tā xìng Zhāng.

_____.

2) 他姓王。
Tā xìng Wáng.

_____.

3) 她姓李。
Tā xìng Lǐ.

_____.

4) 他姓金。
Tā xìng Jīn.

_____.

02 다음 문장에 알맞은 말을 채워 넣어 보세요.

1) 他 ___ 高 ___ 聪明。그는 크기도 하도 똑똑하기도 하다.

Ta _____ gāo _____ cōngmíng.

2) ___ 好看 ___ 便宜。예쁘기도 하고, 싸기도 하다.

_____ hǎo kàn _____ piányi.

> • 高 gāo 키가 크다 • 好看 hǎo kàn 예쁘다 • 便宜 piányi (값이)싸다

03 다음을 중국어로 바꿔 보세요.

나는 바쁘기도 하고 피곤하기도 하다.

我 _____。

Wo _____.

해답

01. 1) 老张 lǎo Zhāng 2) 老王 lǎo Wáng 3) 小李 xiǎo Lǐ 4) 小金 xiǎo Jīn

02. 1) 又 yòu , 又 yòu 2) 又 yòu , 又 yòu

03. 又忙又累 yòu máng yòu lèi

Plus 그림 단어

奶奶 nǎinai
할머니

姥姥 lǎolao
외할머니

爷爷 yéye
할아버지

外公 wàigōng
외할아버지

妈妈 māma
엄마

爸爸 bàba
아빠

姐姐 jiějie
누나/언니

哥哥 gēge
형/오빠

我 wǒ
나

妹妹 mèimei
여동생

弟弟 dìdi
남동생

10 这儿到南山多远？

Zhèr dào nánshān duō yuǎn? | 여기에서 남산까지 얼마나 됩니까？

 39

A 칭원　쩔　따오　난샨 뚜어 위엔
请问，这儿到南山多远？
Qǐng wèn, zhèr dào nánshān duō yuǎn?

B 싼 꽁리
三公里。
Sān gōnglǐ.

A 워 커이 따 거 삐엔처 마
我可以搭个便车吗？
Wǒ kěyǐ dā ge biànchē ma?

B 커이　 샹 처 바
可以，上车吧！
Kěyǐ, shàngchē ba!

A 씨에 씨에
谢谢！
Xièxie!

B 부 커 치
不客气。
Bú kèqi.

 중국어로도 바꿔 보세요.

 40

A 말씀 좀 여쭐게요. 여기에서 남산까지 얼마나 됩니까?

~~~~~~

B 3킬로미터입니다.

~~~~~~

A 차를 얻어 탈 수 있을까요?

~~~~~~

B 그러세요. 타세요!

~~~~~~

A 감사합니다.

~~~~~~

B 별말씀을요.

~~~~~~

 새단어

41

- 这儿 zhèr 여기   • 到 dào ~까지   • 南山 nánshān 남산   • 多 duō 많다, 얼마나
- 远 yuǎn 멀다   • 三 sān 3, 셋   • 公里 gōnglǐ 킬로미터   • 可以 kěyǐ ~해도 된다
- 搭 dā 타다, 탑승하다   • 便车 biànchē 차를 얻어 타다   • 上车 shàngchē 차에 올라타다
- 吧 ba 권유, 명령을 나타내는 어기조사

01 多를 이용한 의문문

'多 + 형용사' 형태로 의문문을 만들면 '얼마나 ~한가요?'라는 뜻이 된다.

- **多远?** | 얼마나 멀어요?
  Duō yuǎn?

- **多高?** | 얼마나 커요?
  Duō gāo?

- **多久?** | 얼마나 오래요?
  Duō jiǔ?

02 조동사 可以

'~할 수 있다, ~해도 된다'라는 뜻의 조동사로 가능이나 허가를 나타내며 부정형은 일반적으로 '不可以'가 아닌 '不能'을 사용한다.

- **我可以抽烟吗?** | 담배를 피워도 될까요?
  Wǒ kěyǐ chōuyān ma?

- **可以抽烟。** | 피워도 됩니다.
  Kěyǐ chōuyān.

- **不能抽烟。** | 담배를 피우면 안됩니다.
  Bù néng chōuyān.

- **他可以去，你也可以去。** | 그가 갈 수 있다면 너도 갈 수 있다.
  Tā kěyǐ qù,　nǐ yě kěyǐ qù.

- 抽烟 chōuyān 담배 피우다

03 吧

요청이나 명령을 나타내기도 하고 '~하자'라는 뜻으로 권유를 나타내기도 한다.

- **喝茶吧!** | 차 드세요!
  Hē chá ba!

- **吃点儿吧!** | 좀 드세요.
  Chī diǎnr ba!

- **我们去吃饭吧!** | 우리 밥 먹으러 가자.
  Wǒmen qù chīfàn ba!

04 거리 묻기

거리를 묻고자 할 때에는 'A到B多远? (A에서 B까지 얼마나 멉니까/됩니까?)'라
는 표현을 사용한다. A는 묻는 사람이 현재 있는 위치이거나 알고 있는 곳이며,
B는 찾아가려고 하는 곳이다.

- **这儿到故宫多远?**　　　| 여기에서 고궁까지는 얼마나 멉니까?
  Zhèr dào Gùgōng duō yuǎn?
- **颐和园到长城多远?**　　| 이화원에서 만리장성까지는 얼마나 멉니까?
  Yíhéyuán dào Chángchéng duō yuǎn?

- **颐和园** Yíhéyuán 이화원(지명) • **长城** Chángchéng 만리장성(지명)

05 숫자

〈0부터 100까지 읽는 법〉

〇	一	二	三	四	五	六	七	八	九	十
líng	yī	èr	sān	sì	wǔ	liù	qī	bā	jiǔ	shí
0,	1,	2,	3,	4,	5,	6,	7,	8,	9,	10

十一、	十二、	·············	十九、	二十
shí yī,	shí èr		shí jiǔ,	èr shí
11,	12		19,	20

二十一、	二十二	·············	二十九、	三十
èr shí yī,	èr shí èr		èr shí jiǔ,	sān shí
21,	22		29,	30

九十一、	九十二	·············	九十九、	一百
jiǔ shí yī,	jiǔ shí èr		jiǔ shí jiǔ,	yì bǎi
91,	92		99,	100

01 다음 문장을 완성해 보세요.

1) 请问, 这儿 [   ] 明洞 [   ] ?
   Qǐng wèn, zhèr _____ Míngdòng _____ ?
   실례합니다. 여기에서 명동까지는 얼마나 멉니까(됩니까)?

2) 请问, [   ] 到景福宫 [   ] ?
   Qǐng wèn, _____ dào Jǐngfúgōng _____ ?
   실례합니다. 여기에서 경복궁까지는 얼마나 멉니까?

• 景福宫 Jǐngfúgōng 경복궁(지명)

02 다음 물음에 대한 대답으로 적절하지 않은 것을 고르세요.

> **물음** | 我可以抽烟吗?
> Wǒ kěyǐ chōuyān ma?

① 可以, 请。　② 请吧。　③ 不好。　④ 不能抽烟。
Kěyǐ, qǐng.　Qǐng ba.　Bù hǎo.　Bù néng chōuyān.

03 다음을 우리말로 해석해 보세요.

我们去景福宫吧!
Wǒmen qù Jǐngfúgōng ba.

[   ] !

해답

01. 1) 到 dào　多远 duō yuǎn　2) 这儿 zhèr　多远 duō yuǎn
02. ③　　　**03.** 우리 경복궁에 가자!

78

일상생활 ‖ 日常生活 rìcháng shēnghuó

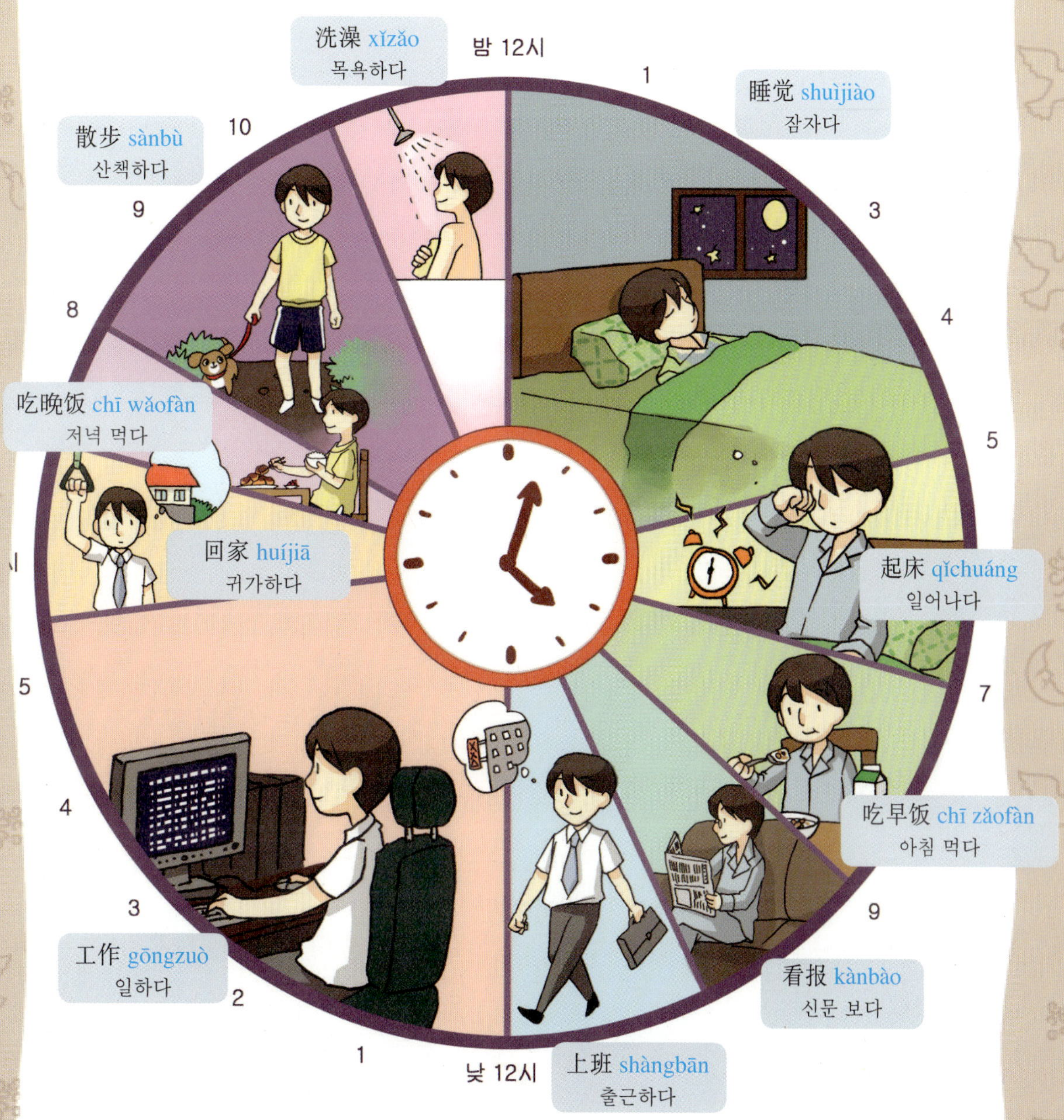

洗澡 xǐzǎo
목욕하다

밤 12시

睡觉 shuìjiào
잠자다

散步 sànbù
산책하다

吃晚饭 chī wǎofàn
저녁 먹다

回家 huíjiā
귀가하다

起床 qǐchuáng
일어나다

吃早饭 chī zǎofàn
아침 먹다

看报 kànbào
신문 보다

工作 gōngzuò
일하다

上班 shàngbān
출근하다

낮 12시

10
9
8
1
3
4
5
7
9
5
4
3
2
1

실력 업그레이드 1편

11 山东在哪儿？

Shāndōng zài nǎr? | 샨뚱은 어디에 있지?

 42

B 哥哥，我明天地理考试，你考考我吧。
　　Gēge,　　wǒ míngtiān dìlǐ　kǎoshì,　nǐ　kǎokao wǒ ba.

A 好啊！山东在哪儿？
　　Hǎo a!　　Shāndōng zài nǎr?

B 山东在中国的东部。
　　Shāndōng zài Zhōngguó de dōngbù.

A 河南呢？
　　Hénán　ne?

B 河南在黄河的南边。
　　Hénán　zài Huánghé de nánbian.

A 那么，黄河在哪儿？
　　Nàme,　　Huánghé zài nǎr?

B 嗯，你说呢？
　　Ńg,　　nǐ shuō ne?

 중국어로도 바꿔 보세요.   **43**

B 오빠! 나 내일 지리시험 보는데, 테스트 좀 해 봐.

A 좋아! 샨뚱은 어디에 있지?

B 샨뚱은 중국의 동부에 있지.

A 허난은?

B 허난은 황허 남쪽에 있어.

A 그럼 황허는 어디에 있어?

B 음... 오빠가 말해 봐.

 새단어   **44**

- 哥哥 gēge 형, 오빠 • 明天 míngtiān 내일 • 地理 dìlǐ 지리 • 考试 kǎoshì 시험(보다)
- 考 kǎo 시험하다 • 在 zài ~에 있다 • 东部 dōngbù 동부 • 南边 nánbian 남쪽
- 那么 nàme 그러면 • 嗯 ńg 응 (의문을 나타내는 감탄사) • 说 shuō 말하다

| 지명 | • 山东 Shāndōng 산동(샨뚱) • 河南 Hénán 하남(허난) • 黄河 Huánghé 황하(황허) |

01 방위사

방위를 나타내는 명사를 방위사라고 한다. 가장 대표적인 방위사는 다음과 같다.

- 东 | 동   西 | 서   南 | 남   北 | 북
  dōng   xī   nán   běi

- 上 | 상   下 | 하   左 | 좌   右 | 우
  shàng   xià   zuǒ   yòu

- 前 | 전   后 | 후   里 | 안   外 | 밖
  qián   hòu   lǐ   wài

➡ 방위사 뒤에 '部' 혹은 '边'을 붙여 '~ 쪽'이라는 뜻으로 많이 사용하는데 '部'는 일정한 범위 내에서 어느 한 방향에 편중된 부위를 가리키고, '边'은 정해지지 않은 범위에서의 어느 한 방향을 가리킨다.

02 동사 在

'~에 있다'라는 뜻으로 사람이나 사물이 존재하는 장소, 위치를 나타낸다. 부정할 때에는 '在' 앞에 '不'를 붙인다.

- 明浩在北京。 | 명호는 베이징에 있다.
  Mínghào zài Běijīng.

- 咖啡在桌子上。 | 커피는 탁자 위에 있다.
  Kāfēi zài zhuōzi shang.

- 美珍不在家里。 | 미진이는 집에 없다.
  Měi zhēn bú zài jiā li.

• 桌子 zhuōzi 탁자, 책상   • 家里 jiā li 집안

01 오른쪽 그림을 보고 대답해 보세요.

1) **A** 银行在哪儿?
   Yínháng zài nǎr?

   B 银行在我的 　　　　。
   Yínháng zài wǒ de _____ .

2) **A** 学校在那儿?
   Xuéxiào zài nǎr?

   B 学校在我的 　　　　。
   Xuéxiào zài wǒ de _____ .

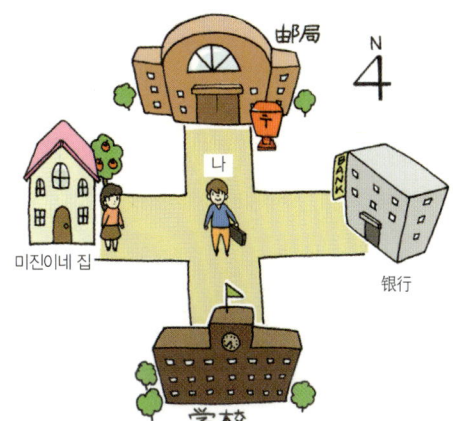

02 오른쪽 그림을 보고 대답해 보세요.

1) **A** 地理书在哪儿?
   Dìlǐ shū zài nǎr?

   B 地理书在 　　　　　。
   Dìlǐ shū zài _____ .

2) **A** 华真在那儿?
   Huázhēn zài nǎr?

   B 她在 　　　　。
   Tā zài _____ .

 해답

01. 1) 东边 dōngbian　　2) 南边 nánbian

02. 1) 桌子上 zhuōzi shang　2) 家里 jiā li

12 景山公园怎么走？

Jǐngshān gōngyuán zěnmezǒu? | 징산공원은 어떻게 가지요？

A 劳驾，景山公园在哪儿？
Láo jià, Jǐngshān gōngyuán zài nǎr?

B 在故宫后边。
Zài Gùgōng hòubian.

A 怎么走？
Zěnme zǒu?

B 来，咱们看看地图。
Lái, zánmen kànkan dìtú.

A 对不起，我不认识汉字。
Duì bù qǐ, wǒ bú rènshi Hànzì.

B 哦，您从这儿向前走，然后向左拐，再向右拐，
Ò, nín cóng zhèr xiàng qián zǒu, ránhòu xiàng zuǒ guǎi, zài xiàng yòu guǎi,
就到了。
jiù dào le.

A 谢谢！
Xièxie!

B 不客气。
Bú kèqi.

 중국어로도 바꿔 보세요. 46

A 실례합니다. 징샨공원은 어디에 있습니까?

B 고궁 뒤편에 있습니다.

A 어떻게 가지요?

B 자, 지도를 좀 봅시다.

A 죄송합니다. 제가 한자를 잘 모르는데요.

B 아, 이쪽에서 앞으로 가다가 왼쪽으로 돌고 다시 오른쪽으로 꺾으면 됩니다.

A 감사합니다.

B 별말씀을요.

 47

새단어

- 劳驾 láojià 실례합니다 • 公园 gōngyuán 공원 • 故宫 Gùgōng 고궁
- 后(边) hòu(bian) 뒤, 뒤쪽 • 怎么 zěnme 어떻게 • 来 lái 오다, 자~
- 咱们 zánmen 우리 • 看 kàn 보다 • 地图 dìtú 지도 • 汉字 Hànzì 한자
- 从 cóng ~로부터 (~에서) • 向 xiàng ~쪽으로 • 前(边) qián(bian) 앞, 앞쪽
- 然后 ránhòu ~한 후에 • 左(边) zuǒ(bian) 왼쪽, 왼편 • 拐 guǎi 돌다
- 右(边) yòu(bian) 오른쪽, 오른편 • 就 jiù 곧

지명 • 景山公园 Jǐngshān gōngyuán 징샨공원

01 劳驾 láojià

'실례합니다' 혹은 '수고스럽게 해서 죄송합니다'라는 뜻으로 상대방에게 무엇을 묻거나 부탁할 때 쓰는 겸손한 표현이다.

- 劳驾, 去长城怎么走? | 실례합니다. 만리장성은 어떻게 갑니까?
  Láojià, qù Chángchéng zěnme zǒu?
- 劳驾, 车站在哪儿? | 실례합니다. 정류장이 어디에 있지요?
  Láojià, chēzhàn zài nǎr?

02 咱们 zánmen과 我们 wǒmen의 차이점

'咱们'과 '我们'은 둘 다 우리말로 '우리'라는 뜻이다. 그러나 '咱们'은 말하는 사람이나 듣는 사람 모두 포함하지만, '我们'은 듣는 사람을 포함하지 않을 수도 있다.

- A 咱们一起去吃饭吧。 | 우리 같이 밥 먹으러 가자.
  Zánmen yìqǐ qù chīfàn ba.
- B 你们去吃吧。 我不吃。 | 너희들 가서 먹어. 난 안 먹어.
  Nǐmen qù chī ba. Wǒ bù chī.
- C 那我们走吧。 | 그럼 우리(만) 가자.
  Nà wǒmen zǒu ba.

03 来

동사로 '오다'라는 뜻이나, 문두에 쓰여 다른 사람을 부르거나 재촉하는 뜻으로 사용되기도 한다.

- 他来了。 | 그가 왔다.
  Tā lái le.
- 来, 咱们喝茶吧。 | 자, 우리 차 마시자.
  Lái, zánmen hē chá ba.

01 '我们'과 '咱们' 중에 골라 넣으세요.

1) ＿＿＿＿＿ 是美国人。
＿＿＿＿＿ shì Měiguórén.
우리는 미국인입니다.

2) ＿＿＿＿＿ 是好朋友。
＿＿＿＿＿ shì hǎo péngyou.
우리는 좋은 친구입니다.

02 그림을 보며 빈칸에 알맞은 중국어와 병음을 써 넣으세요.

① 从　② 向

1) ＿＿ 美珍家 ＿＿ 东走，是银行。
＿＿ Měi zhēn jiā ＿＿ dōng zǒu, shì yínháng.

2) ＿＿ 银行 ＿＿ 西走，再 ＿＿ 南拐是学校。
＿＿ yínháng ＿＿ xī zǒu, zài ＿＿ nán guǎi shì xuéxiào.

3) ＿＿ 美珍家 ＿＿ 东走，再 ＿＿ 北拐是邮局。
＿＿ Měi zhēn jiā ＿＿ dōng zǒu, zài ＿＿ běi guǎi shì yóujú.

해답

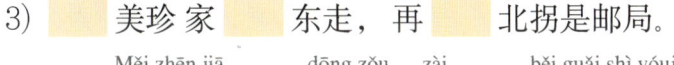

01. 1) 我们 wǒmen　2) 咱们 zánmen

02. 1) ① cóng ② xiàng　2) ① cóng ② xiàng ② xiàng　3) ① cóng ② xiàng ② xiàng

13

什么菜最好吃？

Shénme cài zuì hǎochī? | 어떤 음식이 제일 맛있어요？

 48

A 北京饭店，什么菜最好吃？
Běijīng fàndiàn, shénme cài zuì hǎochī?

B 烤鸭最好吃。
Kǎoyā zuì hǎochī.

A 还有呢？饺子怎么样？
Háiyǒu ne? Jiǎozi zěnmeyàng?

B 饺子也不错。
Jiǎozi yě búcuò.

A 那咱们现在就去，好吗？
Nà zánmen xiànzài jiù qù, hǎo ma?

B 对不起，现在不行。
Duì bu qǐ, xiànzài bù xíng.

A 为什么？
Wèishénme?

B 钱在我爱人那儿呢。
Qián zài wǒ àirén nàr ne.

90

중국어로도 바꿔 보세요.

 49

A 베이징 호텔에서 어떤 음식이 제일 맛있어요?

B 카오야가 제일 맛있어요.

A 그리고요? 만두는 어때요?

B 만두도 괜찮아요.

A 그럼 우리 지금 갈까요?

B 죄송합니다. 지금은 안 돼요.

A 왜요?

B 돈이 우리 마누라한테 있거든요.

새단어

 50

- 饭店 fàndiàn 호텔 • 最 zuì 가장 • 好吃 hǎochī 맛있다 • 烤鸭 kǎoyā 오리구이
- 还有 háiyǒu 그리고, 또한 • 饺子 jiǎozi 지아오즈 (만두) • 怎么样 zěnmeyàng 어때
- 不错 búcuò 괜찮다, 쓸만하다 • 那 nà 그, 그것, 그러면 • 现在 xiànzài 지금, 현재
- 不行 bù xíng 안 된다 • 为什么 wèishénme 왜, 어째서 • 钱 qián 돈
- 爱人 àiren 부인, 남편 • 那儿 nàr 거기, 그곳

01 최상급 最

'가장, 제일'이라는 뜻으로 형용사/동사 앞에 쓰인다.

- 最好
  zuì hǎo
  제일 좋다

- 最好喝
  zuì hǎo hē
  제일 맛있다(음료)

- 最好看
  zuì hǎo kàn
  제일 예쁘다

부정할 때에는 형용사/동사 앞에 부정부사 '不'를 쓴다.

- 最不好
  zuì bù hǎo
  제일 나쁘다

- 最不好喝
  zuì bù hǎo hē
  제일 맛없다(음료)

- 最不好看
  zuì bù hǎo kàn
  제일 안 예쁘다

02 상태의 지속을 나타내는 呢

의문문 끝에 쓰이는 경우와 서술문 끝에 쓰이는 경우 두 가지 용법이 있다.

의문문 끝에 쓰이는 경우

- 还有呢?　| 그리고는(뭐가 있어)? (생략형 의문문)
  Hái yǒu ne?

- 我很忙，你呢?　| 나 바빠, 너는(바빠)? (생략형 의문문)
  Wǒ hěn máng, nǐ ne?

- 你问谁呢?　| 너는 누구한테 묻는 거니? (의문사가 있는 의문문)
  Nǐ wèn shuí ne?

서술문 끝에 쓰이는 경우 – 주로 상태의 지속을 나타낸다.

- 钱在我妈妈那儿呢。| 돈이 엄마한테 있어.
  Qián zài wǒ māma nàr ne.

- 他吃饭呢。| 그는 밥 먹고 있어.
  Tā chī fàn ne.

01 그림을 보고 대답해 보세요.

1) **A** 什么菜最好吃?
　　Shénme cài zuì hǎo chī?

　　B _____ 。

　　_____ .

2) **A** 什么茶最不好喝?
　　Shénme chá zuì bù hǎo hē?

　　B _____ 。

　　_____ .

3) **A** 我很累, 你呢?
　　Wǒ hěn lèi, nǐ ne?

　　B _____ 。

　　_____ .

02 대답으로 적절하지 못한 것을 골라보세요.

물음	那儿的菜, 怎么样?
	Nàr de cài　　zěnmeyàng?

① 很好　　② 挺好的　　③ 不错　　④ 还凑合　　⑤ 不好　　⑥ 哪里那里
　hěn hǎo　　tǐng hǎo de　　bú cuò　　hái còuhe　　bù hǎo　　nǎli nǎli

해답

01. 1) 烤鸭最好吃。　　2) 绿茶最不好喝。　　3) 我也很累。
　　　kǎoyā zuì hǎo chī.　　lǜchá zuì bù hǎo hē.　　wǒ yě hěn lèi.

02. ⑥

14

你看，我瘦了吗？

Nǐ kàn, wǒ shòu le ma? | 보기에 저 살 빠졌어요?

 51

A 你看，我瘦了吗？
Nǐ kàn, wǒ shòu le ma?

B 我看看，没怎么瘦，好像胖了呀。
Wǒ kànkan, méi zěnme shòu, hǎoxiàng pàng le ya.

A 怎么会呢？我正减肥呢。
Zěnme huì ne? Wǒ zhèng jiǎnféi ne.

C 你们两位，要点什么？
Nǐmen liǎng wèi, yào diǎn shénme?

B 我要一份牛排，一杯啤酒。
Wǒ yào yí fèn niúpái, yì bēi píjiǔ.

C 先生，您呢？
Xiānsheng, nín ne?

A 我要两份牛排，两瓶啤酒。
Wǒ yào liǎng fèn niúpái, liǎng píng píjiǔ.

B 啊？你不减肥了？
Á? Nǐ bù jiǎnféi le?

 중국어로도 바꿔 보세요.

 52

A 보기에 저 살 빠졌어요?

B 내가 보기엔 안 빠진 것 같은데, 살이 찐 거 같아요.

A 어떻게 그럴 수가? 저 지금 다이어트하고 있거든요.

C 두 분 무엇으로 하시겠습니까?

B 저는 스테이크 1인분, 맥주 한 잔 주세요.

C 선생님은요?

A 저는 스테이크 2인분, 맥주 두 병 주세요.

B 어? 다이어트 안 하기로 했어요?

 새단어

 53

- 瘦 shòu 마르다 · 没 méi ~않다 · 好像 hǎoxiàng 마치 ~인 것 같다
- 胖 pàng 살찌다, 뚱뚱하다 · 怎么会 zěnme huì 어떻게 그럴 수 있는가
- 会 huì ~할(일) 것이다 · 正 zhèng 마침 · 减肥 jiǎnféi 살빼다 · 两 liǎng 둘, 2
- 位 wèi 분 · 要 yào 원하다, 필요로 하다 · 点 diǎn 주문하다 · 份 fèn 몫, ~인분
- 牛排 niúpái 비프스테이크 · 杯 bēi 잔 · 啤酒 píjiǔ 맥주 · 瓶 píng 병
- 啊 á 놀라거나 의외임을 나타내는 어기조사

01 好像

'(마치/아마) ~같다'라는 뜻으로 그다지 확정적이지 않은 추측이나 느낌을 나타낸다. 주어 앞이나 뒤에 모두 놓일 수 있으며 '似的'와 호응하여 쓰이기도 한다.

• 他好像不舒服(似的)。　｜ 그는 아마도 (몸이) 불편한 것 같다.
　Tā hǎoxiàng bù shūfu (shì de).

• 她好像胖了。　｜ 그녀는 살이 찐 것 같다.
　Tā hǎoxiàng pàng le.

• 舒服 shūfu 편(안)하다

02 正

'正+동사/형용사+(着zhe)+呢'형태로 주로 쓰임. '현재/막~하는 중'이라는 뜻으로 동작이 진행 중이거나 상태가 지속됨을 나타낸다.
이음절 동사/형용사인 경우 '着zhe'를 써도 되고 안 써도 되지만 단음절 동사/형용사일 경우에는 반드시 '着zhe'를 써야 한다.

• 她正吃着呢。　｜ 그녀는 먹는 중이다.
　Tā zhèng chī zhe ne.

• 我正忙着呢。　｜ 나는 지금 바쁘다.
　Wǒ zhèng máng zhe ne.

03 양사(1)

사물 혹은 동작의 단위를 나타내는 것을 양사라고 한다. 사물의 단위를 나타내는 양사는 명량사라 하고, 동작의 단위를 나타내는 양사는 동량사라 한다.
다음은 명량사의 예이다.

• 两 位 先生　｜ 두 분 (남자)
　liǎng wèi xiānsheng

• 一 份 牛排　｜ 스테이크 일 인분
　yí fèn niúpái

• 一 杯 啤酒　｜ 맥주 한 잔
　yì bēi píjiǔ

• 两 瓶 啤酒　｜ 맥주 두 병
　liǎng píng píjiǔ

01 그림을 보고 알맞은 양사를 써 넣으세요.

1) _____ 啤酒
　　 píjiǔ

2) _____ 先生
　　 xiānsheng

3) _____ 茶
　　 chá

02 물음에 대한 대답으로 적절하지 못한 것을 고르세요.

> 물음 | 你看， 我瘦了吗?
> Nǐ kàn,　wǒ shòu le ma?

① 你瘦了。 Nǐ shòu le.

② 你好象瘦了。 Nǐ hǎoxiàng shòu le.

③ 你还凑合。 Nǐ hái còuhe.

④ 你没怎么瘦， 好像胖了。 Nǐ méi zěnme shòu, hǎoxiàng pàng le.

15 我第一次吃中国菜。

Wǒ dìyīcì chī Zhōngguó cài. | 저는 처음으로 중국음식을 먹어 봅니다.

 54

A 咱们去北京饭店吃饭，怎么样？
Zánmen qù Běijīng fàndiàn chī fàn, zěnmeyàng?

B 好啊！正好我也有空。
Hǎo a! Zhènghǎo wǒ yě yǒu kòng.

A 我第一次吃中国菜。
Wǒ dì yī cì chī Zhōngguócài.

B 哦，那我们点两份饺子和一只烤鸭吧。
Ò, nà wǒmen diǎn liǎng fèn jiǎozi hé yì zhī kǎoyā ba.

A 再来两杯茅台酒。一共多少钱？
Zài lái liǎng bēi Máotáijiǔ. Yígòng duōshǎo qián?

C 一共八十二块五毛。
Yígòng bā shí'èr kuài wǔ máo.

B 我付钱。
Wǒ fù qián.

A 不，不，不，我是单身，没有气管炎，我请客。
Bù, bù, bù, wǒ shì dānshēn, méiyǒu qìguǎnyán, wǒ qǐngkè.

 중국어로도 바꿔 보세요. 55

A 우리 베이징호텔에 가서 식사하는 거 어때요?

B 좋아요. 저도 마침 시간이 있거든요.

A 저는 처음으로 중국음식을 먹어 봅니다.

B 그럼 우리 만두 2인분과 오리구이 한 마리 주문하죠.

A 마오타이주 두 잔 더 주세요. 모두 얼마예요.

C 모두 82콰이 5마오입니다.

B 제가 계산하겠습니다.

A 아니에요, 저는 독신이라 무서운 아내가 없거든요. 제가 낼게요.

 새단어 56

- 正好 zhènghǎo 마침 • 空 kòng 시간, 여가 • 第一 dìyī 제 일, 첫번째 • 次 cì 차례, 번, 회
- 和 hé ~와/과 (접속사) • 只 zhī 마리 (양사) • 酒 jiǔ 술 • 一共 yígòng 도합, 합계하여
- 多少 duōshao 얼마나 • 块 kuài 콰이 (화폐단위) • 毛 máo 마오 (화폐단위), 10전
- 付 fù 지불하다 • 单身 dānshēn 독신 • 没有 méiyǒu 없다
- 气管炎 qìguǎnyán 기관지염, 무서운 아내, 공처가 • 请客 qǐngkè 한턱 내다

> 고유명사 • 茅台酒 Máotáijiǔ 마오타이주 (중국 명주의 하나로 茅台지방에서 생산되는 술)

꼭 알아야 할 Point

01 동사 有

> 부정형은 '没/没有'이고, 의문형은 '有吗/有没有'이며, 소유·존재 두 가지 용법이 있다.
>
> **소유의 용법** '가지다, 있다'라는 의미로 일반적으로 주어가 있다.
>
> - 我有一个哥哥。 │ 나는 형/오빠가 한 명 있다.
>   Wǒ yǒu yí ge gēge.
> - 他有一瓶茅台酒。 │ 그는 마오타이주 한 병을 가지고 있다.
>   Tā yǒu yì píng Máotáijiǔ.
>
> **존재의 용법** '존재하고 있음'을 나타내며 존재의 주체는 대부분 '有' 뒤에 온다.
>
> - 那儿有两只麻雀。 │ 거기에는 참새 두 마리가 있다.
>   Nàr yǒu liǎng zhī máquè.
> - 这儿有两个杯子。 │ 여기에는 컵이 두 개 있다.
>   Zhèr yǒu liǎng ge bēizi.

● 麻雀 máquè 참새

02 양사(2) - 个, 只, 次

> '个 ge' - 사용 범위가 매우 넓은 양사로서 사람과 각종 사물에 사용할 수 있다.
>
> - 一个孩子 │ 아이 한 명   - 一个哥哥 │ 오빠 한 명
>   yí ge háizi   yí ge gēge
> - 一个男人 │ 한 남자   - 一个杯子 │ 컵 하나
>   yí ge nánrén   yí ge bēizi
> - 一个鸡蛋 │ 달걀 하나   - 一个苹果 │ 사과 하나
>   yí ge jīdàn   yí ge píngguǒ

'只 zhǐ' – 주로 조류에 사용되는 양사이다.

- 一只麻雀 ┃참새 한 마리
  yì zhī máquè
- 一只燕子 ┃제비 한 마리
  yì zhī yànzi
- 一只鸭 ┃오리 한 마리
  yì zhī yā

'次 cì' – 동작의 횟수를 표시하는 동량사이다.

- 吃一次中国菜。 ┃중국 음식을 한 번 먹었다.
  Chī yí cì Zhōngguó cài.
- 见一次面。 ┃한 번 만났다.
  Jiàn yí cì miàn.
- 去一次学校。 ┃학교에 한 번 갔다.
  Qù yí cì xuéxiào.

• 燕子 máyànzi 제비 • 鸭 yā 오리

03 气官炎 qìguǎnyán

원래는 '기관지염'이라는 뜻이나 '妻管严 qī guǎn yán(아내의 단속이 엄하다)'과 발음이 비슷하여 '무서운 아내' 혹은 '공처가'의 의미로 쓰이기도 한다. 여기에서는 후자의 의미로 사용되었다.

04 중국의 화폐단위

구어에서는 '块, 毛, 分'을 주로 사용하고, 서면어에서는 '元, 角, 分'을 많이 쓴다. 10毛는 1块이고, 10分은 1毛이다.

구어			서면어		
块 kuài		콰이	元 yuán		위엔
毛 máo		마오	角 jiǎo		지아오
分 fēn		펀	分 fēn		펀

두 자리 이상의 화폐단위

두 자리수 이상의 화폐단위에서 마지막 자리의 화폐단위는 말할 때 보통 생략하지만 서면어에서는 일반적으로 생략하지 않는다.

	구어	서면어
1.8	一块八(毛) yí kuài bā (máo)	一元八角 yì yuán bā jiǎo
1.82	一块八毛二(分) yí kuài bā máo èr (fēn)	一元八角二分 yì yuán bā jiǎo èr fēn
2.5	两块五(毛) iǎng kuài wǔ (máo)	二元 五角 èr yuán wǔ jiǎo
2.59	两块五毛九(分) liǎng kuài wǔ máo jiǔ (fēn)	二元五角九分 èr yuán wǔ jiǎo jiǔ fēn
37.6	三十七块六(毛) sānshíqī kuài liù (máo)	三十七元六角 sānshíqī yuán liù jiǎo
37.65	三十七块六毛五(分) sānshíqī kuài liù máo wǔ (fēn)	三十七元六角五分 sānshíqī yuán liù jiǎo wǔ fēn

01 그림을 보고 대답해 보세요.

1) **A** 她有没有苹果?
Tā yǒu méiyǒu píngguǒ?

B 她有 ＿＿＿＿。
Tā yǒu ＿＿＿＿＿＿.

2) **A** 那儿有麻雀吗?
Nàr yǒu máquè ma?

B 那儿有 ＿＿＿＿。
Nàr yǒu ＿＿＿＿＿＿.

02 그림을 보고 알맞은 양사를 써 넣으세요.

1) 三 ＿＿ 烤鸭　　2) 五 ＿＿ 杯子　　3) 两 ＿＿ 孩子
　 sān ＿＿ kǎoyā　　 wǔ ＿＿ bēizi　　 liǎng ＿＿ háizi

해답

01. 1) (三个)苹果 (sān ge) píngguǒ　2) (两只)麻雀 (liǎng zhī) máquè

02. 1) 只 zhī　　2) 个 ge　　3) 个 ge

欢迎光临。

Huānyíng guānglín. | 환영해요.

 01

(문을 두드린다) 똑, 똑, 똑

A 明浩、美珍，请进！欢迎光临！
Mínghào、 Měi zhēn, qǐng jìn! Huānyíng guānglín!

BC 老王，给您拜年！
Lǎo Wáng, gěi nín bàinián!

A 谢谢你们！我介绍一下：
Xièxie nǐmen! Wǒ jièshào yíxià:

这是我爱人，这是我家老大和儿媳妇，还有二儿子。
Zhè shì wǒ àiren, zhè shì wǒ jiā lǎo dà hé érxífù, háiyǒu èr érzi.

BC 你们好！
Nǐmen hǎo!

D 还有一只猫，叫王小眯。
Háiyǒu yì zhī māo, jiào Wáng Xiǎomī.

C 嘿，真可爱！小眯几岁了？
Hèi, zhēn kě'ài! Xiǎomī jǐ suì le?

D 两岁了。
Liǎng suì le.

B 你们一家真幸福！
Nǐmen yì jiā zhēn xìngfú!

 **중국어로도 바꿔 보세요.**

 02

A 명호 군, 미진 양, 어서 와요! 환영해요!

B C 왕 선생님, 세배 드릴게요!

A 고마워, 내가 소개하지. 이 사람은 내 집사람이고, 이쪽은 내 큰 아들하고 며느리, 그리고 둘째 아들이야.

B C 안녕하세요!

D 고양이 한 마리가 또 있어요, 왕 샤오미라고 불러요.

C 오 정말 귀엽네요. 샤오미는 몇 살이죠?

D 두 살이에요.

B 정말 행복한 가정이네요.

 03

새단어

- 光临 guānglín 왕림하다 • 给 gěi ~에게 (전치사) • 拜年 bàinián 세배하다
- 介绍 jièshào 소개하다 • 一下 yíxià 좀 ~하다 • 家 jiā 집 • 老大 lǎodà 첫째
- 儿媳妇 érxífù 며느리 • 儿子 érzi 아들 • 猫 māo 고양이 • 真 zhēn 정말
- 可爱 kě'ài 귀엽다 • 几 jǐ 몇 • 岁 suì 세. 살 • 幸福 xìngfú 행복하다

01 전치사 给

전치사로 '~에게'라는 뜻이다.

- 我给你写信。 | 나는 너에게 편지를 쓴다.
  Wǒ gěi nǐ xiě xìn.
- 我给她打电话。 | 나는 그녀에게 전화를 한다.
  Wǒ gěi tā dǎ diànhuà.

- 写信 xiě xìn 편지 쓰다 • 打电话 dǎ diànhuà 전화하다

02 一下

동사 뒤에서 '한 번, 좀 ~해 보다'라는 뜻으로 쓰인다. 명령조의 어감을 부드럽게 해 주는 역할을 한다.

- 看一下。 | 좀 봐봐.
  Kàn yí xià.
- 写一下。 | 한 번(좀) 써봐.
  Xiě yí xià.

03 서열을 나타내는 老

'老'를 사용하여 형제 자매간의 연령 서열을 나타내며, 맏이일 경우에는 '大'를 사용한다.

- 老大 | 첫째
  lǎo dà
- 老二 | 둘째
  lǎo èr
- 老三 | 셋째
  lǎo sān
- 大哥 | 큰 형/오빠
  dà gē
- 大姐 | 큰 언니/누나
  dà jiě
- 大儿子 | 큰 아들
  dà érzi

04 几

'몇'이라는 뜻으로 주로 10이하의 숫자를 물을 때 사용한다. 10이상이 되면 '多少'를 쓴다.

- 这儿有几个苹果? | 여기에는 몇 개의 사과가 있습니까?
  Zhèr yǒu jǐ ge píngguǒ?
- 你们教室里有多少人? | 교실에는 몇 사람이 있습니까?
  Nǐmen jiàoshì lǐ yǒu duōshao rén?

01 다음 문장을 완성해 보세요.

1) 今天晚上 ___ 我打电话。

Jīntiān wǎnshang ____ wǒ dǎ diànhuà.

오늘 저녁에 나에게 전화 해.

2) 我 ___ 你讲故事。

Wǒ ____ nǐ jiǎng gùshi.

나 너한테 이야기 하나 해줄게.

· 讲 jiǎng 말하다 · 故事 gùshi 이야기

02 그림을 보고 다음 문장을 완성해 보세요.

1) **A** 那儿有 ___ 本书?

Nàr yǒu ____ běn shū?

저기에는 책이 몇 권 있습니까?

B 那儿有 ___ 书。

Nàr yǒu ____ shū.

2) **A** 那儿有 ___ 人?

Nàr yǒu ____ rén.

저기에는 얼마나 많은 사람이 있습니까?

B 那儿有十几个人.

Nàr yǒu shí jǐ ge rén.

해답

01. 1) 给 gěi   2) 给 gěi

02. 1) 几 jǐ 两本 liǎngběn   2) 多少 duōshao

17 菜太丰盛了。

Cài tài fēngshèng le. | 음식이 너무 풍성한데요.

 04

A 老王，您也做饭？
Lǎo wáng, nín yě zuòfàn?

B 当然。
Dāngrán.

C 人们都说：应该嫁中国丈夫，娶日本太太，这话不错。
Rénmen dōu shuō: Yīnggāi jià Zhōngguó zhàngfu, qǔ Rìběn tàitai, zhè huà búcuò.

D 您还夸他？ 平时懒着呢。
Nín hái kuā tā? Píngshí lǎn zhe ne.

A 菜太丰盛了。
Cài tài fēngshèng le.

B 家常便饭，不成敬意！
Jiācháng biànfàn, bù chéng jìngyì!

C 很好吃，味道好极了。
Hěn hǎo chī, wèidao hǎo jí le.

A 来，祝你们全家幸福，干杯！
Lái, zhù nǐmen quánjiā xìngfú, gānbēi!

 중국어로도 바꿔 보세요.

 05

A 왕 선생님, 왕 선생님도 밥 지으세요?

B 당연하지.

C 사람들이 말하길 중국 남편에게 시집가고 일본 부인을 얻어야 한다는데
   그 말이 옳은 것 같아요.

D 아직도 그를 추켜올리고 있어요? 평소에는 얼마나 게으른데요.

A 음식이 너무 풍성한데요.

B 늘 집에서 먹는 음식이라 예의가 아니네.

C 매우 맛있습니다. 맛이 끝내주는데요.

A 자, 가족 모두의 행복을 위하여 건배!

새단어

 06

- 做饭 zuò fàn 밥 하다   • 当然 dāngrán 당연(하다), 물론   • 人们 rénmen 사람들
- 都 dōu 모두   • 应该 yīnggāi ~해야 한다   • 嫁 jià 시집가다   • 丈夫 zhàngfu 남편
- 娶 qǔ 장가가다   • 太太 tàitai 부인   • 话 huà 말   • 夸 kuā 과장하다, 추켜올리다
- 平时 píngshí 평상시   • 懒 lǎn 게으르다   • 着呢 zhe ne 과장의 어감을 나타내는 어기조사
- 太 tài 너무   • 丰盛 fēngshèng 풍성하다   • 家常便饭 jiācháng biànfàn 가정에서 늘 하는 간단한 식사
- 不成敬意 bùchéng jìngyì '예의가 갖춰지지 않았다'는 뜻이나 사실은 겸손한 표현
- 味道 wèidao 맛   • 极 jí 지극히   • 祝 zhù 축원하다   • 全 quán 전체의
- 干杯 gānbēi 건배(하다)

01 着呢

형용사(구) 뒤에 쓰여 어떤 성질이나 상태의 정도가 심함을 나타내고 약간 과장하는 역할을 한다. 앞에서 배운 동작이나 상태가 지속되는 것과는 다르다.

- 王先生胖着呢。 | 왕 선생님은 아주 뚱뚱하다.
  Wáng xiānsheng pàng zhe ne.
- 菜多着呢。 | 요리가 매우 많다.
  Cài duō zhe ne.
- 泰山高着呢。 | 태산은 아주 높다.
  Tàishān gāo zhe ne.
- 他正吃着呢。 | 그는 먹는 중이다. (상태의 지속)
  Tā zhèng chī zhe ne.

• 泰山 Tàishān 태산

02 太…了

'太 + 형용사 + 了'의 형태로 쓰이며 '너무/대단히 ~하다'라는 뜻이다.

- 太大了。 | 너무 크다.
  Tài dà le.
- 太累了。 | 너무 피곤하다.
  Tài lèi le.
- 太好了。 | 너무/대단히 좋다.
  Tài hǎo le.

03 보어(1)

술어 (동사/형용사) 뒤에 쓰여 정도 및 결과를 보충해 주는 역할을 한다.

- 味道好极了。 | 맛이 그만(최고)입니다. (정도보어)
  Wèidao hǎo jí le.
- 咱们干完这杯。 | 우리 이 잔 완전히 비우자. (결과보어)
  Zánmen gān wán zhè bēi.

01 '极了'와 '完' 중에 골라 넣어 보세요.

1) 王先生懒 _____.
   Wáng xiānsheng lǎn _____ .

2) 王先生忙 _____.
   Wáng xiānsheng máng _____ .

3) 王先生的家庭幸福 _____.
   Wáng xiānsheng de jiātíng xìngfú _____ .

4) 爸爸喝 ____ 酒了.
   Bàba hē _____ jiǔ le.

5) 我吃 ____ 烤鸭了.
   Wǒ chī _____ kǎoyā le.

6) 他看 ____ 电视了.
   Tā kàn _____ diànshì le.

02 그림을 보고 문장을 완성해 보세요. ('着呢' 혹은 '太…了' 사용)

1) 菜 _____.
   Cài _____ .

2) 他 _____.
   Tā _____ .

3) 我 _____.
   Wǒ _____ .

해답

01. 1) 极了 jí le   2) 极了 jí le   3) 极了 jí le   4) 完 wán   5) 完 wán   6) 完 wán

02. 1) 多着呢 duō zhe ne   2) 胖着呢 pàng zhe ne   3) 累着呢 lèi zhe ne
    太多了 tài duō le   太胖了 tài pàng le   太累了 tài lèi le

18 欢迎再来。

Huānyíng zài lái. | 또 놀러 오게.

 07

A 今天真高兴!
　　Jīntiān zhēn gāoxìng!

B 多谢您的热情款待!
　　Duō xiè nín de rèqíng kuǎndài!

C 哪里，哪里。
　　Nǎ li,　　　nǎ li.

B 四川菜，太好吃了。还有茅台酒!
　　Sìchuān cài,　tài hǎo chī le.　　Hái yǒu Máotáijiǔ!

A 我们酒足饭饱，该告辞了。
　　Wǒmen jiǔ zú fàn bǎo,　gāi gàocí le.

C 我送一送你们吧。
　　Wǒ sòng yi sòng nǐmen ba.

B 不用，不用! 您请留步。
　　Bú yòng,　bú yòng!　Nín qǐng liúbù.

C 那你们慢走，欢迎再来。
　　Nà nǐmen màn zǒu,　huānyíng zài lái.

 중국어로도 바꿔 보세요. 08

A 오늘 참 즐거웠습니다!

B 너무 융숭한 접대를 해 주셔서 감사했습니다!

C 천만에.

B 사천음식 너무 맛있었어요. 마오타이주도요!

A 배부르게 먹고 술도 많이 마셨으니 이만 가봐야겠습니다.

C 내가 배웅하지.

B 배웅하실 필요 없으세요. 나오지 마세요.

C 그럼 살펴 가고, 또 놀러 오게.

 새단어 09

- **多谢** duō xiè 대단히 감사하다 • **热情** rèqíng 융숭하다, 친절하다 • **款待** kuǎndài 후하게 대접하다
- **哪里** nǎli 천만에요 • **酒足饭饱** jiǔzúfànbǎo 술과 밥을 배불리 먹다 (성어)
- **足** zú 충족하다 • **饱** bǎo 배부르다 • **该** gāi ~해야 한다 • **告辞** gàocí 작별을 고하다
- **送** sòng 전송하다, 선사하다 • **不用** búyòng ~할 필요 없다 • **留步** liúbù 걸음을 멈추다
- **慢** màn 늦다, 천천히

지명 • **四川** Sìchuān 사천 (지명)

01 哪里

'장소(어디=哪儿)'의 뜻과 '겸손(별말씀을)'의 뜻 두 가지 용법이 있다. 겸손의 뜻으로 쓰일 때에는 중복하여 사용하기도 한다.

- 王先生在哪里?　　| 왕 선생님은 어디에 계십니까?(장소)
  Wáng xiānsheng zài nǎli?

  A 你很漂亮。　　| 당신은 참 예쁘세요.
  Nǐ hěn piàoliang.

  B 哪里(哪里)。　　| 아닙니다. 별말씀을요.(겸손)
  Nǎli (nǎli).

- 漂亮 piàoliang 예쁘다

02 该…了

'~ 해야 한다 /~해야 할 시간이다'라는 뜻이며, 하기 싫어도 꼭 해야 하는 의미가 담겨있다.

- 爸爸该上班了。　　| 아빠는 출근해야 한다 / 아빠는 출근해야 할 시간이다.
  Bàba gāi shàngbān le.

- 你该起床了。　　| 너 일어나야 해 / 너 일어나야 할 시간이야.
  Nǐ gāi qǐchuáng le.

- 起床 qǐchuáng (잠자리에서)일어나다

03 送一送

'동사 + 一 + 동사'의 형태는 동사 중첩형식의 일종이다. 단음절 동사를 중첩할 때 동사 사이에 '一'를 삽입하기도 하는데 '一'가 있으나 없으나 뜻은 같다.

- 看一看 | 좀 보다　　　看看 | 좀 보다
  kàn yi kàn　　　　　　kànkan

- 走一走 | 좀 거닐다　　走走 | 좀 거닐다
  zǒu yi zǒu　　　　　　zǒuzou

01 다음 물음에 알맞게 대답해 보세요.

> **A** 你的汉语很好。
> Nǐ de Hànyǔ hěn hǎo.

> **B** _____。 별말씀을요.
>
> _____ .

02 그림을 보고 '该…了'를 사용하여 다음 문장을 완성해 보세요.

1) 我 _____ 了。
   Wǒ _____ le.
   나는 밥을 먹어야 한다.

2) 他 _____ 了。
   Tā _____ le.
   그는 일어나야 한다.

3) 她 _____ 了。
   Tā _____ le.
   그녀는 출근해야 한다.

01. 哪里 nǎli (哪里哪里 nǎli nǎli)

02. 1) 该吃饭 gāi chīfàn   2) 该起床 gāi qǐchuáng   3) 该上班 gāi shàngbān

19 今天几月几号?

Jīntiān jǐ yuè jǐ hào? | 오늘 몇 월 며칠이니?

 10

A 春节快到了。
Chūnjié kuài dào le

B 今天几月几号，星期几?
Jīntiān jǐ yuè jǐ hào, xīngqī jǐ?

A 今天是 2月 17号，星期四。后天就是春节!
Jīntiān shì èr yuè shíqī hào, xīngqī sì. Hòutiān jiù shì chūnjié!

B 咱们穿一穿中国衣服，看看怎么样?
Zánmen chuān yi chuān Zhōngguó yīfu, kànkan zěnme yàng?

C 好啊! 你们都有什么衣服?
Hǎo a! Nǐmen dōu yǒu shénme yīfu?

A 我有一套制服和一顶解放帽。
Wǒ yǒu yí tào zhìfú hé yì dǐng jiěfàng mào.

B 还有瓜皮帽和马褂。
Háiyǒu guāpí mào hé mǎguà.

C 哈! 你们穿起来，真有意思!
Hā! Nǐmen chuānqǐlai, zhēn yǒu yìsi!

 중국어로도 바꿔 보세요.   11

A 곧 설날이야.

B 오늘 몇 월 며칠, 무슨 요일이니?

A 오늘은 2월 17일, 목요일이고, 모레가 바로 설이야!

B 우리 중국 옷을 입어보자. 어때?

C 좋아! 어떤 옷들이 있니?

A 나는 제복 한 벌과 해방모를 가지고 있어.

B 그리고 과피모와 마고자도 있어.

C 하! 너희들이 입으니까 정말 재미있다!

 새단어   12

- 春节 chūnjié 설 • 快 kuài 빠르다 • 今天 jīntiān 오늘 • 月 yuè 월, 달
- 号 hào 일 (날짜) • 星期四 xīngqī sì 목요일 • 后天 hòutiān 모레 • 穿 chuān 입다
- 衣服 yīfu 옷 • 套 tào 벌 (양사) • 制服 zhìfú 제복 • 顶 dǐng 모자 등의 양사
- 解放帽 jiěfàng mào 해방모 • 瓜皮帽 guāpí mào 과피모 • 马褂 mǎguà 마고자
- 哈 hā 하 (감탄사) • 有意思 yǒu yìsi 재미있다

01 快 ~ 了

보통 형용사 '빠르다'라는 뜻으로 많이 쓰이지만 부사로 쓰여 시간적으로 가까워졌음을 나타내기도 한다. 즉 머지않아 어떤 상황이 일어날 것임을 예고한다.

- 快春天了。 | 곧 봄이다.
  Kuài chūntiān le.
- 他的病快好了。 | 그의 병은 곧 좋아질 것이다.
  Tā de bìng kuài hǎo le.

• 春天 chūntiān 봄 • 病 bìng 병

02 날짜 표기법

'月' 표기법

- 一月　　二月　　三月　　……　　十二月
  yī yuè　　èr yuè　　sānyuè　　……　　shí èr yuè
  1월　　　2월　　　3월　　　……　　12월

'日' 표기법

구어		서면어

- 一号　1일　一日
  yī hào　　　　yī rì
- 二号　2일　二日
  èr hào　　　　èr rì
- 三号　3일　三日
  sān hào　　　sān rì

'月, 日' 표기법

- 一月三号 | 1월 3일
  yī yuè sān hào
- 五月二十号 | 5월 20일
  wǔ yuè èrshí hào
- 十一月十一号 | 11월 11일
  shí yī yuè shí yī hào

03 요일 표기법

'월, 화, 수, 목, 금, 토, 일'은 다음과 같이 표기한다.

星期一	星期二	星期三	星期四
xīngqī yī	xīngqī èr	xīngqī sān	xīngqī sì
월요일	화요일	수요일	목요일

星期五	星期六	星期日 (天)
xīngqī wǔ	xīngqī liù	xīngqī rì(tiān)
금요일	토요일	일요일

무슨 요일인지 물을 때에는 '星期几 '를 사용한다.

A 今天星期几?   오늘은 무슨 요일입니까?
　　Jīntiān xīngqī jǐ?

B 今天星期二。   오늘은 화요일입니다.
　　Jīntiān xīngqī èr.

참고

瓜皮帽 guāpí mào
과피모 - 6개의 검은 천을
꿰매서 합쳐 만든 (수박을
반으로 가른 모양의) 중국
고유의 모자.

对联 duìlián
대련 - 한 쌍의 대구 글귀를
종이나 천에 쓰거나 대나무·
나무·기둥 따위에 새긴 것.

马褂 mǎguà
마고자 - 남자들의
전통 상의

制服 zhìfú
(군인·학생
등의)제복

解放帽 jiěfàng mào
해방모- 중화인민공화국 간부
나 노동자들이 널리 쓰던 모
자.인민 해방군 모자의 형태와
같아서 이렇게 부름

그림을 보고 다음 대화를 완성해 보세요.

1) **A** _____ ?

   _____ ?

   B 今天星期三。
   Jīntiān xīngqī'sān.

2) **A** 今天几月几号?
   Jīntiān jǐ yuè jǐ hào?

   B 今天 _____ 。
   Jīntiān _____ .

3) **A** 明天星期几?
   Míngtiān xīngqī jǐ?

   B 明天 _____ 。
   Míngtiān _____ .

4) **A** 后天几月几号，星期几?
   Hòutiān Jǐ yuè jǐ hào, xīngqī jǐ?

   B 后天 _____ 。
   Hòutiān _____ .

5) **A** 明浩的生日几月几号，星期几?
   Mínghào de shēngrì jǐ yuè jǐ hào, xīngqī jǐ?

   B 明浩的生日 _____ 。
   Mínghào de shēngrì _____ .

해답 **01.** 1) 今天星期几 jīntiān xīngqī jǐ 2) 七月八号 qī yuè bā hào 3) 星期四 xīngqī sì
   4) 七月十号 qī yuè shí hào 星期五 xīngqī wǔ
   5) 七月二十六号 qīyuè èrshí liù hào 星期天 xīngqī tiān

大家春节好！

Dàjiā chūnjié hǎo! | 새해 복 많이 받아!

 13

AB 小王，春节好！
Xiǎo Wáng, chūnjié hǎo!

C 大家春节好！ 恭喜发财！
Dàjiā chūnjié hǎo! Gōngxǐ fā cái!

AB 我们送你一瓶茅台酒。
Wǒmen sòng nǐ yì píng Máotáijiǔ.

C 这瓶茅台酒，好香啊！ 非常感谢！
Zhè píng Máotáijiǔ, hǎo xiāng a! Fēicháng gǎnxiè!

A 不客气。客人到齐了吗？
Bú kèqi. Kèrén dào qí le ma?

C 还差一位，是加拿大同学。
Hái chà yí wèi, shì Jiānádà tóngxué.

A 那咱们先包饺子吧。
Nà zánmen xiān bāo jiǎozi ba.

B 好。吃完年夜饭，我们痛痛快快地玩儿一个晚上。
Hǎo. Chī wán niányèfàn, wǒmen tòngtòng kuàikuài de wánr yí ge wǎnshang.

 중국어로도 바꿔 보세요.

 14

A B 샤오 왕, 새해 복 많이 받아!

C 너희도 모두 새해 복 많이 받아! 돈도 많이 벌어!

A B 마오타이주 한 병 선물할게.

C 이 마오타이주 정말 향기롭다. 고마워!

A 고맙긴. 손님들은 모두 도착했니?

C 아직 캐나다 학우 한 명이 안 왔어.

A 그럼 우리 우선 만두를 빚자.

B 좋아. 설음식 먹은 후에 밤새 신나게 놀아보자.

 새단어

 15

- 大家 dàjiā 모두 • 恭喜 gōngxǐ 축하하다 • 发财 fācái 돈을 벌다, 부자가 되다
- 送 sòng 주다, 선물하다 • 香 xiāng 향기롭다, 고소하다 • 非常 fēicháng 대단히
- 感谢 gǎnxiè 감사하다 • 客人 kèrén 손님 • 到 dào 도착하다
- 齐 qí 빠짐없이 차다 • 差 chà 빠지다, 모자라다 • 加拿大 Jiānádà 캐나다
- 同学 tóngxué 학우, 동창생 • 包 bāo 싸다, 빚다 • 年夜饭 niányèfàn 제야에 먹는 음식
- 痛快 tòngkuai 통쾌하다 • 地 de 부사어를 구성하는 구조조사 • 晚上 wǎnshang 저녁, 밤

01 送

'送'은 '전송하다, 배웅하다'와 '주다, 선물하다'라는 두 가지 의미가 있다. 이 과에서는 후자의 의미로 사용되었다.

- **我送你回家。** | 내가 너 집까지 배웅해 줄게.
  Wǒ sòng nǐ huí jiā.
- **我送你一本书。** | 나는 너에게 책 한 권을 줄게(선물할게).
  Wǒ sòng nǐ yì běn shū.

02 감탄문

'好'는 형용사 '좋다, 훌륭하다, 만족스럽다'라는 뜻으로 많이 사용되지만 '아주, 너무'라는 뜻으로 감탄할 때 쓰이기도 한다. 후자의 뜻으로 쓰일 때는 문미에 보통 어조사 '啊'가 붙는다.

- **咖啡好香啊!** | 커피가 너무 향기롭다!
  Kāfēi hǎo xiāng a!
- **这张贺年卡好漂亮啊!** | 이 연하장 너무 예쁘다!
  Zhè zhāng hèniánkǎ hǎo piàoliang a!

• 贺年卡 hèniánkǎ 연하장

03 이음절 형용사의 중첩

일부 이음절 형용사는 중첩이 가능하며 중첩 형식은 AABB이다. 중첩된 형용사는 의미가 좀더 강조된다.

- **痛快** | 통쾌하다   **痛痛快快** | 아주 통쾌하다
  tòngkuài   tòngtòng kuàikuài
- **干净** | 깨끗하다   **干干净净** | 아주 깨끗하다
  gānjìng   gāngānjìngjìng

04 구조조사 地

'的'가 명사 앞에서 명사를 수식하는 관형어를 구성하는 역할을 하는데 반해, '地'는 동사 앞에서 동사를 수식해주는 부사어를 구성하는 역할을 한다.

- 干干净净地打扫 | 아주 깨끗하게 청소하다(구조조사 地)
  gāngānjìngjìng de dǎsǎo
- 漂亮的贺年卡 | 예쁜 연하장 (구조조사 的)
  piàoliang de hèniánkǎ

• 打扫 dǎsǎo 청소하다

중국어발음놀이

四是四，十是十，十四是十四，四十是四十。
Sì shi sì, shí shi shí, shí sì shì shí sì, sì shí shì sì shí.

4는 4이고, 10은 10이고, 40은 40이다.

01 다음 형용사를 중첩해 보세요.

1) 高兴
gāoxìng

2) 马虎
mǎhu

02 '的'와 '地' 중에 골라넣어 보세요.

1) 聪明 ___ 孩子   총명한 아이
cōngmíng ___ háizi

2) 好香 ___ 酒   아주 향기로운 술
hǎoxiāng ___ jiǔ

3) 幸福 ___ 家庭   행복한 가정
xìngfú ___ jiātíng

4) 高兴 ___ 说   기쁘게 말하다.
gāoxìng ___ shuō

5) 痛快 ___ 玩儿   통쾌하게 놀다.
tòngkuài ___ wánr

6) 干净 ___ 打扫   깨끗하게 청소하다.
gānjìng ___ dǎsǎo

해답

01. 1) 高高兴兴 gāogāo xīngxing   2) 马马虎虎 mǎma hūhū

02. 1) 的 de 2) 的 de 3) 的 de 4) 地 de 5) 地 de 6) 地 de

 **Plus** 그림 단어

小狗 xiǎogǒu
강아지

猫 māo
고양이

熊 xióng
곰

猪 zhū
돼지

马 mǎ
말

狮子 shīzi
사자

牛 niú
소

羊 yáng
양

大象 dàxiàng
코끼리

兔子 tùzi
토끼

老虎 lǎohǔ
호랑이

실력 업그레이드 2편

21

祝你健康，干杯！

Zhù nǐ jiànkāng, gānbēi! ㅣ 너의 건강을 위해 건배!

 16

A 这是加拿大同学，叫彼得。
Zhè shì Jiānádà tóngxué, jiào Bídé.

B 我叫彼得。祝大家春节愉快！
Wǒ jiào Bídé. Zhù dàjiā chūnjié yúkuài!

C 你好。你的中文很好，发音也很标准。
Nǐ hǎo. Nǐ de Zhōngwén hěn hǎo, fāyīn yě hěn biāozhǔn.

B 你过奖了，还差得远呢。
Nǐ guòjiǎng le, hái chà de yuǎn ne.

A 饺子熟了，大家快尝尝。
Jiǎozi shú le, dàjiā kuài chángchang.

C 味道好得很，饭菜也很丰盛！
Wèidao hǎo de hěn, fàn cài yě hěn fēngshèng.

A 祝大家新年快乐，干杯！
Zhù dàjiā xīnnián kuàilè, gānbēi!

BC 祝你健康，干杯！
Zhù nǐ jiànkāng, gānbēi!

 **중국어로도 바꿔 보세요.**

 17

A 이 친구는 캐나다 학우 피터야.

B 나는 피터라고 해. 모두 새해 복 많이 받아!

C 안녕! 너 중국어 잘 한다. 발음도 아주 좋고.

B 칭찬이 과한 걸. 아직 멀었어.

A 만두 익었어. 우리 빨리 맛보자.

C 맛이 아주 좋은데, 요리도 많고!

A 우리 모두의 행복한 새해를 위해 건배!

BC 너의 건강을 위해 건배!

새단어 **18**

- 愉快 yúkuài 유쾌하다, 즐겁다 • 中文 Zhōngwén 중국어 • 发音 fāyīn 발음(하다)
- 标准 biāozhǔn 표준에 부합되다 • 过奖 guòjiǎng 과찬하다 • 熟 shú 익다, 익은
- 尝 cháng 맛보다 • 得 de 정도보어를 이끄는 구조조사 • 新年 xīnnián 신년, 새해
- 快乐 kuàilè 즐겁다 • 健康 jiànkāng 건강(하다)

01 보어(2)

아래 예문 중 색이 있는 글자들은 모두 보어 성분이다. 보어는 동사나 형용사 뒤에 사용되는 또 다른 동사/형용사로 동사의 수량·결과 및 형용사의 정도 등을 보충 설명하는 역할을 한다. 어떤 보어는 동사·형용사 뒤에 구조조사 '得'가 더해지기도 하는데 예문 4), 5)번의 경우가 그렇다.

1) 咱们准备一下。 │ 우리 준비 좀 하자.(동량보어)
   Zánmen zhǔnbèi yí xià.

2) 客人到齐了吗? │ 손님들 모두 도착했어요?(결과보어)
   Kèrén dào qí le ma?

3) 我吃完了晚饭。 │ 나는 저녁밥을 다 먹었다.(결과보어)
   Wǒ chī wán le wǎnfàn.

4) 味道好得很。 │ 맛이 아주 좋다.(정도보어)
   Wèidao hǎo de hěn.

5) 还差得远呢。 │ 아직 멀었어요.(정도보어)
   Hái chà de yuǎn ne.

• 准备 zhǔnbèi 준비하다

02 구조조사 得

'동사/형용사 + 得 + 보어'의 형태로 쓰인다. 구조조사 '得'의 가장 큰 기능은 정도보어를 구성하는 점이다.

• 吃得很快。 │ 빨리 먹는다.(먹는 정도가 빠르다 - 정도보어)
   Chī de hěn kuài.

• 唱得好。 │ (노래를)잘 부른다.(정도보어)
   Chàng de hǎo.

• 跑得很慢。 │ 늦게 달린다. (달리는 정도가 매우 느리다 - 정도보어)
   Pǎo de hěn màn.

• 跑 pǎo 달리다　• 慢 màn 느리다

구조조사 '的, 地, 得' 비교 및 정리

'的'는 명사 앞에서 명사를 수식하는 관형어를 구성하고, '地'는 동사 앞에서 동사를 수식하는 부사어를 구성하며, '得'는 동사 뒤에서 동사를 보충 설명하는 보어를 구성한다.

- 好吃**的**中国菜。 | 맛있는 중국 음식.
  Hǎo chī de Zhōngguó cài.

- 不停**地**说话。 | 멈추지 않고 말한다.
  Bù tíng de shuōhuà.

- 漂亮**得**很。 | 아주 예쁘다.
  Piàoliang de hěn.

03 축하 표현들

- 春节快乐! | 설날 인사 : 새해 복 많이 받아!
  Chūnjié kuàilè!

- 新年快乐! | 신년 인사 : 새해 복 많이 받아!/즐거운 새해!
  Xīnnián kuàilè!

- 圣诞快乐! | 성탄절 인사 : 메리 크리스마스!
  Shèngdàn kuàilè!

- 生日快乐! | 생일 축하해!
  Shēngrì kuàilè!

- 周末快乐! | 즐거운 주말! / 주말 즐겁게 지내!
  Zhōumò kuàilè!

'祝'를 이용한 인사

- 祝你身体健康! | 건강하시길!
  Zhù nǐ shēntǐ jiànkāng!

- 祝你全家幸福! | 전 가족이 행복하시길!
  Zhù nǐ quánjiā xìngfú!

- 祝你生日快乐! | 당신의 생일을 축하합니다!
  Zhù nǐ shēngrì kuàilè!

● 중국의 주요 명절 및 국경일

• 元旦 | 1월 1일 (신정)
  yuándàn

• 春节 | 음력 1월 1일 (설날)
  chūnjié

• 国际劳动妇女节 | 국제 노동 부녀절 (3월 8일)
  guójì láodòng fùnǚjié

• 国际劳动节 | 국제 노동절 (5월 1일)
  guójì láodòngjié

• 端午节 | 단오절 (5월 5일)
  duānwǔjié

• 国际儿童节 | 국제 어린이날 (6월 1일)
  guójì értóngjié

• 中国共产党成立纪念日 | 중국 공산당 창립 기념일 (7월 1일): 1921상해에서 창건
  Zhōngguó gòngchǎndǎng chénglì jìniànrì

• 中国人民解放军建军节 | 중국 인민해방군 건군의 날 (8월 1일)
  Zhōngguó rénmín jiěfàngjūn jiànjūnjié

• 中秋节 | 중추절(추석) (음력 8월 15일)
  zhōngqiūjié

• 教师节 | 스승의 날 (9월 10일)
  jiàoshījié

• 中华人民共和国国庆节 | 중화인민공화국 국경일 (10월 1일)
  Zhōnghuá rénmín gònghéguó guóqìngjié

• 老人节 | 노인절(음력 9월 9일) : 본래는 중양절로서 높은 곳에
  lǎorénjié   오르는 습속이 있었음, 1989년 노인절로 정함.

01 '的', '地', '得' 중에 골라 넣어 보세요.

1) 她是明浩 ____ 女朋友。　그녀는 명호의 여자 친구이다.

　　Tā shì Mínghào ____ nǚ péngyou.

2) 这是我 ____ 书。　이것은 나의 책이다.

　　Zhè shì wǒ ____ shū.

3) 干净 ____ 洗脸。　깨끗하게 세수한다.

　　Gānjìng ____ xǐ liǎn.

4) 高兴 ____ 说话。　기쁘게 말한다.

　　Gāoxìng ____ shuōhuà.

5) 发音标准 ____ 很。　발음이 매우 정확하다.

　　Fāyīn biāozhǔn ____ hěn.

6) 味道好 ____ 很。　맛이 아주 좋다.

　　Wèidao hǎo ____ hěn.

02 그림을 보며 축하 인사를 해 보세요.

1) _____。

　_____.

2) _____。

　_____.

해답

01. 1) 的de　2) 的de　3) 地de　4) 地de　5) 得de　6) 得de

02. 1) 生日快乐! Shēngrì kuàilè!　2) 圣诞快乐! Shèngdàn kuàilè!

寄明信片。

Jì míngxìnpiàn. | 엽서를 부치다.

 19

A 张老师，请帮我看看，这样写对吗？
Zhāng lǎoshī, qǐng bāng wǒ kànkan, zhè yàng xiě duì ma?

B 你要给中国朋友 寄 明信片吗？
Nǐ yào gěi Zhōngguó péngyou jì míngxìnpiàn ma?

A 是的。学会了几个汉字，想试一下。
Shì de. Xué huì le jǐ ge Hànzì, xiǎng shì yí xià.

B 嗯，地址写得不对。
Ńg, dìzhǐ xiě de bú duì.

A 是吗？那么，该怎么写？
Shì ma? Nàme, gāi zěnme xiě?

B 中国的习惯是：收信人的地址在前，姓名在后，
Zhōngguó de xíguàn shì: Shōu xìn rén de dìzhǐ zài qián, xìngmíng zài hòu,

寄信人的地址写在右下方。
jìxìnrén de dìzhǐ xiě zài yòu xiàfāng.

A 哦，我可以借一下您的笔，改一改吗？
Ò, wǒ kěyǐ jiè yí xià nín de bǐ, gǎi yi gǎi ma?

B 当然可以，给你。
Dāngrán kěyǐ, gěi nǐ.

 **중국어로도 바꿔 보세요.**   **20**

A 장 선생님, (절 도와서)좀 봐주세요. 이렇게 쓰는 거 맞아요?

B 중국 친구에게 엽서 보내려고 하니?

A 네. 한자를 좀 익혔으니 써 보고 싶어서요.

B 음, 주소를 잘못 썼네.

A 그래요? 그럼, 어떻게 써야 해요?

B 중국의 습관은 수신자 주소는 앞에, 이름은 뒤에, 발신자 주소는 오른편 아래에 써.

A 아, 선생님의 펜을 빌려서 좀 고쳐도 될까요?

B 당연하지. 여기 있어.

새단어   **21**

- 帮 bāng 돕다 • 这样 zhè yàng 이렇게 • 寄 jì (우편물을)부치다 • 明信片 míngxìnpiàn 엽서
- 会 huì 할 수 있다 • 汉字 Hànzì 한자 • 想 xiǎng ~하고 싶다 • 试 shì 시도하다
- 地址 dìzhǐ 주소 • 习惯 xíguàn 습관 • 收 shōu 받다 • 信 xìn 편지
- 姓名 xìngmíng 성명/이름 • 方 fāng 방향 • 借 jiè 빌리다 • 笔 bǐ 펜, 연필 • 改 gǎi 고치다

01 在 (2)

> 동사와 전치사 두 가지 용법이 있는데 동사는 '~에 있다'라는 뜻이며, 전치사는 '~에'라는 뜻이다.
>
> • 张老师在哪儿? ｜ 장 선생님 어디 계시니? (동사)
>   Zhāng lǎoshī zài nǎr?
>
> • 明浩在教室里。 ｜ 명호는 교실에 있어.(동사)
>   Mínghào zài jiàoshì lí.
>
> • 放在椅子上。 ｜ 의자 위에 놓았다.(전치사)
>   Fàng zài yǐzi shang.

• 放 fàng 놓다 • 椅子 yǐzi 의자

02 보어 (2)

(1) 정도보어

味道好极了。 ｜ 맛 죽인다/너무 맛있다.
Wèidao hǎo jí le.

(2) 결과보어

• 咱们干完这杯。 ｜ 우리 이 잔 완전히 비우자.
  Zánmen gān wán zhè bēi.

• 学会了几个汉字。 ｜ 몇 개의 한자를 익혔다.
  Xué huì le jǐ ge Hànzì.

• 地址写得不对。 ｜ 주소 쓴 것이 틀렸다.
  Dìzhǐ xiě de bú duì.

(3) 수량(동량)보어

• 准备一下。 ｜ 준비 좀 해.
  Zhǔnbèi yí xià.

• 试一下。 ｜ 한번 해봐.
  Shì yí xià.

(4) 방위 · 장소보어

- 写**在右下方**。　│ 오른쪽 아래에 써라.
  Xiě zài yòu xià fāng.

- 坐**在车上**。　│ 차에 타라.
  Zuò zài chē shang.

- 睡**在床上**。　│ 침대에서 자라.
  Shuì zài chuáng shang.

- 睡 shuì 잠자다 · 床 chuáng 침대

중국어 발음놀이

吃葡萄不吐葡萄皮儿,
chī pútáo bù tǔ pútáopír,

不吃葡萄倒吐葡萄皮儿。
bù chī pútáo dào tǔ pútáopír.

포도를 먹는 사람은 포도 껍질을
안 뱉고, 포도를 먹지 않는 사람
이 포도껍질을 뱉는다.

- 葡萄 pútáo 포도 · 吐 tǔ 뱉다 · 皮(儿) pír 껍질 · 倒 dào 오히려

01 다음 대화를 완성해 보세요.

1) **A** ＿＿＿＿＿＿＿＿＿？ 샤오 란은 어디에 있습니까?

   ＿＿＿＿＿＿＿＿＿＿＿＿ ?

   B 小兰在房间里。
   Xiǎo Lán zài fángjiān li.

2) **A** 这件衣服怎么样？ 너무 예쁘다.(정도보어 '极了' 사용)
   Zhè jiàn yīfu zěnmeyàng?

   B ＿＿＿＿＿＿＿。

   ＿＿＿＿＿＿＿＿＿ .

02 그림을 보고 문장을 만들어 보세요.

1) ＿＿＿＿＿＿＿＿。

   ＿＿＿＿＿＿＿＿＿＿ .

   그녀는 침대 위에서 잔다.

2) ＿＿＿＿＿＿＿＿＿＿＿。

   ＿＿＿＿＿＿＿＿＿＿＿＿ .

   그는 맥주 세 병을 다 마셨다.

해답

01. 1) 小兰在哪儿 Xiǎo Lán zài nǎr 2) 漂亮极了 piàoliang jí le

02. 1) 她睡在床上 Tā shuì zài chuáng shang

　　　2) 他喝完了三瓶啤酒 Tā hē wán le sān píng píjiǔ

Plus 그림 단어

신체 ‖ 身体 shēntǐ

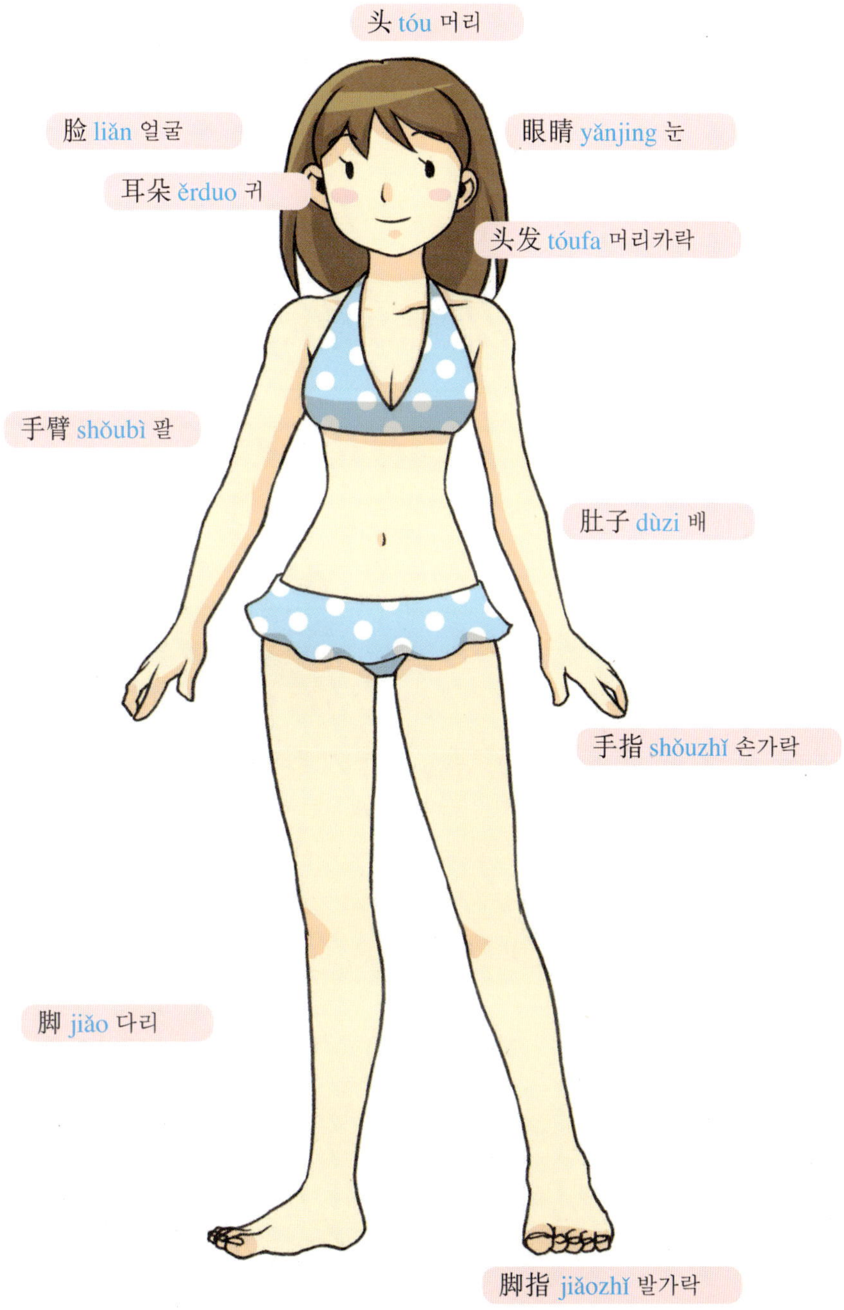

头 tóu 머리

脸 liǎn 얼굴

眼睛 yǎnjing 눈

耳朵 ěrduo 귀

头发 tóufa 머리카락

手臂 shǒubì 팔

肚子 dùzi 배

手指 shǒuzhǐ 손가락

脚 jiǎo 다리

脚指 jiǎozhǐ 발가락

现在几点钟了？

Xiànzài jǐ diǎn zhōng le? | 지금 몇 시예요?

 22

A 喂，小兰，我是明浩！
Wéi, xiǎo Lán, wǒ shì Mínghào!

B 我们晚上要看电影，你没忘吧？
Wǒmen wǎnshang yào kàn diànyǐng, nǐ méi wàng ba?

A 当然没忘，不过…
Dāngrán méi wàng, bú guò…

B 不过什么？
Bú guò shénme?

A 我刚才忘了带电影票，所以耽误了…
Wǒ gāngcái wàng le dài diànyǐng piào, suǒyǐ dānwu le…

B 你看看，现在都几点钟了！
Nǐ kànkan, xiànzài dōu jǐ diǎn zhōng le!

A 现在是…哎呀，7点过10分了！真对不起。
Xiànzài shì… āi yā, qī diǎn guò shí fēn le! Zhēn duì bu qǐ.

B 你怎么这样啊？哼！
Nǐ zěnme zhè yàng a? Hèng!

 중국어로도 바꿔 보세요.   **23**

A 여보세요, 샤오 란, 나 명호야!

B 우리 저녁에 영화보기로 한 거 안 잊었겠지?

A 당연히 안 잊었지. 그런데…

B 그런데 뭐?

A 아까 영화표 가지고 오는 걸 잊어버려서 늦어졌어…

B 너 지금 몇 시나 됐는지 봐봐!

A 지금…. 맙소사, 7시 10분이네! 정말 미안해!

B 너 어쩜 그러니? 흥!

 새단어   **24**

- 喂 wéi 여보세요 ・ 电影 diànyǐng 영화 ・ 忘 wàng 잊다 ・ 不过 bú guò 그런데
- 刚才 gāngcái 방금 ・ 带 dài 지니다, 휴대하다 ・ 票 piào 표 ・ 耽误 dānwu 지체하다
- 点钟 diǎnzhōng 시간, 시 ・ 过 guò 지나다 ・ 哎呀 āiyā 놀람을 나타내는 어기조사
- 哼 hèng 화남을 나타내는 어기조사

꼭 알아야 할 Point

01 시간 말하기

시간을 말할 때에는 '点(시)'과 '分(분)'을 사용하며, 30분은 '半 or 三十分', 15분은 '一刻 or 十五分'으로 나타낸다.

- 5点10分 | 5시 10분
  wǔ diǎn shí fēn

- 9点 25分 | 9시 25분
  jiǔ diǎn èr shí wǔ fēn

- 12 点 30分 = 12 点半 | 12시 30분 = 12시 반
  shí'èr diǎn sānshí fēn = shí'èr diǎn bàn

- 1点15分 = 1点一刻 | 1시 15분
  yī diǎn shí wǔ fēn = yī diǎn yí kè

몇 분이 경과 했음을 나타낼 때에는 '过'를 사용하고 몇 분 전이라는 표현은 '差'를 사용한다. 이때 '过'는 생략이 가능하나 '差'는 생략할 수 없다.

- 3点过5分 | 3시 05분
  sān diǎn guò wǔ fēn

- 差5分3点 | 5분 전 3시
  chà wǔ fēn sān diǎn

- 半 bàn 반 • 一刻 yí kè 15분 • 差 chà 모자라다, (몇 분) 전

02 두 개의 술어 동사가 함께 쓰인 경우

앞에서 이미 배웠던 연동문 형식과 목적어 속에 술어가 포함된 경우 두 가지가 있다.

목적어 속에 술어가 포함된 경우

- 我忘了带电影票。 | 영화표 가지고 오는 것을 잊어버렸다.
  Wǒ wàng le dài diànyǐng piào.

- 我忘了上课。 | 수업 가는 거 깜박했다.
  Wǒ wàng le shàngkè.

연동문 형식

- 我出去走走。 | 나 산보 좀 하러 나가려고 해.
  Wǒ chūqù zǒuzou.

- 我去图书馆借书。 | 나 책 빌리러 도서관에 가려고 해.
  Wǒ qù túshūguǎn jiè shū.

- 借 jiè 빌리다

144

01 시계를 보며 시간을 말해 보세요.

1)

_____。

2)

_____。

3)

_____。

4)

_____。

5)

_____。

6)

_____。

02 그림을 보고 대화를 완성해 보세요

A 请问, 现在几点(钟)?
Qǐng wèn, xiànzài jǐ diǎn (zhōng)?

B _____

_____。

해답

01. 1) 三点十分 sān diǎn shí fēn 2) 五点一刻 wǔ diǎn yí kè 3) 十点半 shí diǎn bàn

　　4) 差五分三点 chà wǔ fen sān diǎn 5) 六点(过)五分 liù diǎn (guò) wǔ fēn 6) 八点 bā diǎn

02. 七点四十五分。 Qī diǎn sìshíwǔ fēn. (七点三刻。 差一刻八点。)

24 我找到工作了。

Wǒ zhǎo dào gōngzuò le. | 일자리를 찾았어.

 25

A 喂，你好!
Wéi, nǐ hǎo.

B 喂，我是明浩。告诉你一个好消息。
Wéi, wǒ shì Mínghào. Gàosu nǐ yí ge hǎo xiāoxi.

A 什么好消息?
Shénme hǎo xiāoxi?

B 我找到工作了。一家国际贸易公司让我去当翻译。
Wǒ zhǎo dào gōngzuò le. Yì jiā guójì màoyì gōngsī ràng wǒ qù dāng fānyì.

A 太好了，祝贺你!
Tài hǎo le, zhùhè nǐ!

B 对了，我的手机号码是011-2134-7568。
Duì le, wǒ de shǒujī hàomǎ shì líng yāo yāo- èr yāo sān sì- qī wǔ liù bā.

A 手机是你们公司给的吗?
Shǒujī shì nǐmen gōngsī gěi de ma?

B 嗯，晚上我们到北京饭店去吃烤鸭，我请客!
Nn, wǎnshang wǒmen dào Běijīng fàndiàn qù chī kǎoyā, wǒ qǐngkè!

 중국어로도 바꿔 보세요. **26**

A 여보세요!

~~~~~~

B 여보세요, 나 명호야. 너에게 좋은 소식 하나 알려줄게.

~~~~~~

A 무슨 좋은 소식?

~~~~~~

B 일자리를 찾았어. 무역회사에서 나보고 통역을 맡으래.

~~~~~~

A 잘 됐다. 축하해!

~~~~~~

B 맞다, 내 핸드폰 번호는 011-2134-7568야.

~~~~~~

A 핸드폰은 너희 회사에서 준거니?

~~~~~~

B 응, 저녁에 우리 베이징호텔에 가서 카오야 먹자. 내가 살게!

~~~~~~

 27
새단어

- 告诉 gàosu 알려주다 • 消息 xiāoxi 소식 • 找 zhǎo 찾다 • 工作 gōngzuò 일(하다)
- 国际 guójì 국제 • 贸易公司 màoyì gōngsī 무역회사 • 让 ràng ~하게 하다
- 当 dāng 맡다 • 翻译 fānyì 번역(하다), 통역(하다), 통역원 • 祝贺 zhùhè 축하(하다)
- 手机 shǒujī 휴대폰 • 号码 hàomǎ 번호

01 숫자 읽기 '一 (1) '

전화번호, 방 번호(몇 호실), 몇 번 버스 등을 나타낼 때 중간에 끼어 있는 숫자 '一 (1)'는 'yāo' 로 발음한다.

- TEL) 331-3131
  sān sān yāo-sān yāo sān yāo

- 510号 | 510호실
  wǔ yāo líng hào

- 410路公共汽车 | 410번 버스
  sì yāo líng lù gōnggòng qìchē

• 路 lù 번 • 公共汽车 gōnggòng qìchē 시내버스

02 是…的

이 구문은 일종의 판단문으로 '是'와 '的'의 사이에 쓰인 말은 강조된다. 특히, 사람 혹은 사물의 특성을 강조할 때 쓴다.

- 天是蓝的。 | 하늘은 파랗다.
  Tiān shì lán de.

- 他是学汉语的。 | 그는 중국어를 배운다.
  Tā shì xué Hànyǔ de.

- 他是当老师的。 | 그는 선생님이다.
  Tā shì dāng lǎoshī de.

- 这本书是新的。 | 이 책은 새 것이다.
  Zhè běn shū shì xīn de.

• 蓝 lán 파랗다

03 到…来(去)

관용적으로 쓰는 표현이다. '到这里来'는 '来这里'와 같고 '到那里去'는 '去那里'와 같은 표현이며, 연동문 형식에 많이 쓰인다.

- 小王到教室来上课。 | 샤오 왕은 수업 받으러 교실에 왔다.
  Xiǎo Wáng dào jiàoshì lái shàngkè.

- 明浩到公司去上班。 | 명호는 회사로 출근했다.
  Mínghào dào gōngsī qù shàngbān.

- 小李和小兰到电影院去看电影。 | 샤오 리와 샤오 란은 영화 보러 극장에 갔다.
  Xiǎo Lǐ hé xiǎo Lán dào diànyǐngyuàn qù kàn diànyǐng.

• 电影院 diànyǐngyuàn 영화관 ,극장

04 겸어술어문

첫 번째 동사의 목적어가 두 번째 동사의 주어를 겸하는 구조를 '겸어술어'라고 한다. '让我去当翻译' 문장을 예로 들면 '我'는 사역동사'让'의 목적어이며 '去当翻译'의 주어이다.

- 不让他去做。　　│ 그가 가서 하지 못하게 해.
  Bú ràng tā qù zuò.

- 我请他看电影。　│ 나는 그에게 영화 보자고 청했다.
  Wǒ qǐng tā kàn diànyǐng.

중국어 발음놀이

四十四个涩柿子
Sì shí sì gè sè shìzi
마흔 네 개의 떫은 감

- 涩 sè 떫다　• 柿子 shìzi 감

01 다음 문장을 순서대로 배열해 보세요.

1) 美珍　教室　到　去　上课
　　Měi zhēn　jiàoshì　dào　qù　shàngkè
　　①　　②　　③　④　⑤

2) 小王　图书馆　到　来　看书.
　　Xiǎo Wáng　túshūguǎn　dào　lái　kàn shū.
　　①　　②　　③　④　⑤

3) 张老师　是　的　教汉语
　　Zhāng lǎoshī　shì　de　jiāo Hànyǔ
　　①　　②　③　④

4) 这个苹果　是　的　红
　　Zhège píngguǒ　shì　de　hóng
　　①　　②　③　④

5) 小李　小兰　不　高兴　让
　　Xiǎo Lǐ　xiǎo Lán　bù　gāoxìng　ràng
　　①　　②　　③　④　⑤

6) 王太太　王先生　让　打下手
　　Wáng tàitai　Wáng xiānsheng ràng　dǎ xiàshǒu
　　①　　②　　③　④

• 打下手 dǎ xiàshǒu (일을) 거들다

해답

01. 1) ①③②④⑤　　2) ①③②④⑤　　3) ①②④③　　4) ①②④③
　　5) ①③⑤②④　　6) ①③②④

火车几点进站？

Huǒchē jǐ diǎn jìn zhàn? | 기차가 몇 시에 역에 들어오지요? 28

A 请问，火车几点进站？
Qǐng wèn, huǒchē jǐ diǎn jìn zhàn?

B 对不起，请大声点儿，我听不清楚。
Duì bu qǐ, qǐng dà shēng diǎnr, wǒ tīng bù qīngchu.

A 我问火车几点进站。
Wǒ wèn huǒchē jǐ diǎn jìn zhàn.

B 快了。刚才广播说，3点进站。
Kuài le. Gāngcái guǎngbō shuō, sān diǎn jìn zhàn.

A 哦，这是去集宁的车吧？
Ò, zhè shì qù Jíníng de chē ba?

B 您是说东北的吉林，还是内蒙古的集宁？
Nín shì shuō Dōngběi de Jílín, háishi Nèiménggǔ de Jíníng?

A 对不起，是东北的吉林。
Duìbuqǐ, shì Dōngběi de Jílín.

B 那您进错站台了。
Nà nín jìn cuò zhàntái le.

A 啊！我的天！
Á! Wǒ de tiān!

B 东西掉了！快捡起来，别着急！
Dōngxi diào le! Kuài jiǎn qǐ lái, Bié zháojí!

A   실례합니다. 기차가 몇 시에 역에 들어오지요?

B   죄송합니다. 좀 크게 말씀해 주세요. 잘 안 들립니다.

A   기차가 몇 시에 들어오는지 물었습니다.

B   곧요. 방금 방송에서 3시에 들어온다고 했어요.

A   아, 지닝으로 가는 기차죠?

B   뚱베이의 지린을 말씀하시는 거예요, 아니면 내몽고의 지닝을 말씀하시는 거예요?

A   죄송합니다. 뚱베이의 지린이에요.

B   그럼 잘못 들어오셨어요.

A   오, 세상에!

B   물건 떨어졌네요. 어서 주우세요. 서두르지 마시고요.

 **새단어**   30

- 火车 huǒchē 기차 • 站 zhàn 역 • 大声 dà shēng 큰 소리 • 点儿 diǎnr 조금
- 听 tīng 듣다 • 清楚 qīngchu 분명하다 • 广播 guǎngbō 방송 • 还是 háishi ~아니면
- 站台 zhàntái 플랫폼 • 我的天 wǒ de tiān 맙소사 (놀람이나 절망감을 나타낼 때 쓰임)
- 掉 diào 떨어지다 • 捡 jiǎn 줍다 • 起来 qǐ lái 일어나다 • 别 bié ~하지 마라
- 着急 zháojí 서두르다, 조급해 하다

지명 • 集宁 Jíníng 지닝 • 东北 Dōngběi 동북 • 内蒙古 Nèiménggǔ 내몽고 • 吉林 Jílín 길림

01 点

'现在几点'과 '请大声点儿'의 '点'은 모두 양사이나, 의미가 다르다. 전자의 '点'은 시간을 나타내며, 후자의 '点'은 양이 적거나 정도가 작음을 나타낸다.

시간을 나타내는 '点'

- 3点 | 3시
  sān diǎn
- 5点 半 | 5시 반
  wǔ diǎn bàn
- 到点了 | 시간이 됐다.
  dào diǎn le

소량을 나타내는 '点' 주로 '儿'화 해서 사용하며 대부분 동사 뒤에 온다. 수사 '一'가 함께 쓰이기도 하나 구어에서는 흔히 생략한다.

- 有（一）点儿事儿。 | 일이 조금 있다.
  Yǒu (yì) diǎnr shìr.
- 好点儿了。 | 좀 좋아졌다.
  Hǎo diǎnr le.

동사, 형용사 앞에 쓸 수 있으며 부정형에 많이 쓰이는데, 一点儿也不 / 一点儿也没(有)의 구조를 만든다.

- 这本书我一点儿也没看呢。 | 나는 이 책을 조금도 보지 않았다.
  Zhè běn shū wǒ yìdiǎnr yě méi kàn ne.
- 这个苹果一点儿也不红。 | 이 사과는 조금도 빨갛지 않다.
  Zhè ge píngguǒ yìdiǎnr yě bù hóng.

- 苹果 píngguǒ 사과 · 红 hóng 빨갛다

02 방향보어 起来

방향보어는 동작의 방향을 나타낸다.

起来 – 사람이나 사물이 아래에서 위로 향함을 나타낸다.

- 捡起来 (아래 떨어져 있는 물건을) 줍다
  jiǎn qǐlai
- 站起来 (앉아 있던 사람이)일어서다.
  zhàn qǐlai

다른 방향보어

来 – 동작이 화자를 향해 진행됨을 나타낸다. (오다)

去 – 동작이 화자에게서 멀어지고 있음을 나타낸다. (가다)

- **拿出来** | 꺼내다
  ná chūlai
- **拿出去** | 가져가다 (꺼내가다)
  ná chūqu

| **进来** | 들어오다 | **进去** | 들어가다 | **出来** | 나오다 | **出去** | 나가다 |
| jìnlai | | jìnqu | | chūlai | | chūqu | |

进来 | 들어오다　**进去** | 들어가다　**出来** | 나오다　**出去** | 나가다
jìnlai　　　　　　jìnqu　　　　　　chūlai　　　　　chūqu

回来 | 돌아오다　**回去** | 돌아가다　**过来** | 건너오다　**过去** | 건너가다
huílai　　　　　　huíqu　　　　　　guòlai　　　　　guòqu

上来 | 올라오다　**上去** | 올라가다　**下来** | 내려오다　**下去** | 내려가다
shànglai　　　　　shàngqu　　　　　xiàlai　　　　　xiàqu

02 刚才와 刚의 비교

'刚才'(명사)와 '刚'(부사)은 '방금'이라는 뜻으로 뜻은 같으나 품사가 달라 쓰임과 용법이 다르다.

'刚才'와'刚'의 용법상의 차이점

1. '刚'을 사용한 문장은 동사 뒤에 시간을 나타내는 단어를 쓸 수 있고 '就'와 호응할 수 있으나 '刚才'는 안 된다.

- **我刚(×刚才)来一会儿。**　　　　| 나 방금 왔어.
  Wǒ gāng　　　　lái yíhuìr.

- **你刚(×刚才)回去，他就来了。**　　| 네가 돌아가자마자 그가 왔어.
  Nǐ gāng　　　　huíqu，　tā jiù lái le.

2. '刚才' 뒤에는 부정사를 쓸 수 있으나, '刚'은 쓸 수 없다.

- 你为什么刚才(×刚)不说，现在说？
  Nǐ wèishénme gāngcái bùshuō, xiànzài shuō?
  너 왜 방금 전에 얘기하지 않고 지금 말하니?

- 刚才(×刚)广播没说火车几点到。
  Gāngcái guǎngbō méi shuō huǒchē jǐ diǎn dào.
  방금 전에 방송에서 기차가 몇 시에 도착하는지 얘기하지 않았어.

04 선택 의문문 A 还是 B

'A할래 아니면 B할래'라는 뜻으로 A와 B 두 개의 조건 중에 하나를 선택하라는 의미이다.

- 吃冰激凌，还是喝茶？　아이스크림 먹을래 아니면 차 마실래？
  Chī bīngjīlíng, háishi hē chá?

- 你是中国人，还是日本人？　당신은 중국인입니까 아니면 일본인입니까？
  Nǐ shì Zhōngguórén, háishi Rìběnrén?

- 你看电影，还是看电视？　당신은 영화를 봅니까 아니면 텔레비전을 봅니까？
  Nǐ kàn diànyǐng, háishi kàn diànshì?

冰激凌 bīngjīlíng 아이스크림